Auflauf, Gratin, Soufflé – wo liegt der Unterschied?

Auflauf – Der Üppige

Ein Auflauf braucht eine längere Garzeit als das schnelle Gratin und das luftige Soufflé. Dafür ist er ein sättigendes Hauptgericht, meistens jedenfalls. In herzhafter Variante mit einem schönen Salat ergibt er eine komplette Mahlzeit. Aber auch ein süßer Auflauf kann mit einer kleinen Vorspeise durchaus als Hauptgericht serviert werden. Süße Aufläufe als Alternative zum üblichen Mittagessen sind besonders bei Kindern sehr beliebt. Doch auch die Erwachsenen können sich für süße Aufläufe in Form von üppigen Desserts nach einem eher leichten Hauptgericht begeistern.

Zubereitung

Für einen Auflauf werden die einzelnen Zutaten, je nach ihrer Beschaffenheit, zunächst vorbereitet. Fleisch wird kurz angebraten oder geschmort, Gemüse blanchiert oder knackig gegart. Wichtig ist, daß Sie das Gemüse hinterher gut abtropfen lassen, damit der Auflauf nicht zu feucht wird. Auch Reis und Nudeln kommen erst in gegartem Zustand in die Auflaufform. Zutaten mit knapper Garzeit wie Meeresfrüchte oder Fisch können roh in die Form gelegt werden, Sie brauchen sie also nicht vorzugaren. Das gilt auch für Beeren und Früchte bei der Zubereitung von süßen Aufläufen. Wenn alle Zutaten, wie im jeweiligen Rezept beschrieben, vorbereitet sind, wird eine feuerfeste Auflaufform – sie sollte einen mittelhohen Rand haben – mit Butter oder Margarine ausgestrichen. Das geht am besten mit einem Stück Pergamentpapier. Bequemer ist es, die Form mit Öl auszupinseln. In vielen Rezepten wird die Form außerdem noch mit geriebenem Käse, Semmelbröseln oder gemahlenen Nüssen ausgestreut. Nun werden die Zutaten möglichst sorgfältig in die Form hineingeschichtet. Je mehr Mühe Sie sich dabei geben, desto appetitlicher sieht der fertige Auflauf später aus. Jede Schicht sollte nochmals leicht gewürzt werden. Bei Nudeln, Reis oder Kartoffeln können Sie dies großzügiger tun, da diese Lebensmittel besonders viel Würze aufsaugen. Wenn alle Zutaten »in Form« gebracht worden sind, können Sie den Guß zubereiten. Bei herzhaften Aufläufen besteht er aus Milch, Eiern, Sahne oder Crème fraîche und zerdrücktem oder frisch geriebenem Käse. Diese Mischung wird gewürzt und Sie streuen je nach Rezept Kräuter, Sesam, gehackte Nüsse oder Mandeln hinein. Dann

Frisches Gemüse, Nudeln, Kartoffeln, Eier, Milch und Käse – diese Hauptzutaten können Sie für köstliche Ofengerichte immer wieder neu kombinieren.

Je sorgfältiger Sie die verschiedenen Zutaten in die entsprechenden Formen einschichten, desto schöner sehen Aufläufe und Gratins darin aus. Das Auge »ißt« nämlich mit!

wird das Ganze gründlich miteinander verrührt.
Für die süßen Varianten stellen Sie in ähnlicher Weise die »Eiermilch« her und geben je nach Geschmack gehackte Nüsse, Pistazien, Mandeln oder Kokosraspeln dazu.
Noch mehr Farbe und Aroma bekommt der Auflauf, wenn Sie ihn zum Schluß noch mit Butterflöckchen besetzen. Aufläufe können Sie gut vorbereiten und bis zum Garen im Kühlschrank aufbewahren oder tiefgefrieren.

Gratin – Das Schnelle

Ein Gratin besteht meist nur aus einer Schicht, die nicht lange garen muß, sondern lediglich kurz bei starker Hitze überbakken wird, so daß eine schöne Kruste entsteht. Weil Gratins oft nur aus einer Zutat bestehen, eignen sie sich sehr gut als Beilage. Aber auch Vorspeisen und Desserts werden gern mit knuspriger Decke serviert. Besonders schön für Vor- und Nachspeisen sind Portionsförmchen. Ideale Beilagen sind Gratins aus Gemüse, Nudeln oder Reis. Mit Fisch, Meeresfrüchten und zarten Geflügelteilen lassen sich delikate Vorspeisen zubereiten. Gratins aus Beeren und anderen Früchten ergeben köstliche Desserts. Auch Reste vom Vortag lassen sich übrigens geschickt und appetitlich unter einer Knusperdecke verstecken.
Eine Gratinform ist im Vergleich zur Auflaufform großflächiger und hat einen niedrigeren Rand. Denn: »gratinieren« heißt überbacken, deshalb ist hier eine große Oberfläche zum Überkrusten wichtig.
Da Gratins nur sehr kurze Zeit im Backofen stehen, sollten die verwendeten Zutaten vorgegart sein oder nur eine knappe Garzeit haben. Im Gegensatz zum Auflauf bekommt ein Gratin keine Eier- oder Sahnemilch zum Durchdringen und Verbinden der Zutaten, sondern eine Sauce, die getrennt gekocht

und vor dem Überbacken über das Gratin verteilt wird. Sie können auch ganz einfach geriebenen Käse mit Butterflöckchen auf das Gratin geben, oder Sie bereiten eine Mischung aus Öl, Kräutern und Semmelbröseln zu. So wird die Kruste schön knusprig, und die darunterliegenden Zutaten bleiben saftig.

<u>Zubereitung</u>
Die vorbereiteten Zutaten werden dekorativ in gefettete Portionsförmchen oder in eine große Gratinform gelegt. Falls Sie eine runde Form verwenden, können Sie die Zutaten kreisförmig einschichten, wenn Ihre Form eckig ist, ordnen Sie sie diagonal oder in Längsstreifen ein. Dann werden die Zutaten in der Form gewürzt, mit der Sauce begossen oder mit der vorbereiteten Bröselmischung bedeckt, oder Sie streuen einfach frisch geriebenen Käse darüber.

Gratins, wie dieses Scampigratin (Rezept Seite 53), werden nur ganz kurz knusprig überbacken.

Nun kommt das Gratin für kurze Zeit in den heißen Backofen. Sobald die Oberfläche goldgelb geworden ist – und das geht ziemlich schnell – können Sie das Gratin bereits wieder herausnehmen und in der Form servieren.

<u>Ein Tip für ganz Eilige:</u> Wenn Sie die Zutaten noch ganz heiß in die Form einschichten und das Ganze unter dem Grill überbacken, geht's noch schneller!
Gratins können gut vorbereitet und bis zum Überbacken im Kühlschrank aufbewahrt oder tiefgefroren werden.

Soufflé – Das Luftige

Soufflés sind deshalb luftig, weil sie durch den hohen Gehalt an steifgeschlagenem Eiweiß so richtig aufgehen, besser gesagt: sie blasen sich auf. Daher hat das Soufflé schließlich auch seinen Namen, denn »souffler« heißt blasen.
Ein Soufflé zergeht auf der Zunge und sieht schön aus. Das charakteristische an Souffléformen ist ihr hoher Rand, damit sich das Soufflé gut aufblasen kann, ohne daß etwas darüber hinaus geht. Aus diesem Grund sollte die Form auch nie ganz, sondern höchstens zu zwei Dritteln gefüllt werden. Souffléformen bestehen zudem aus einem dünneren Material als andere Formen.
Im Gegensatz zum Auflauf oder Gratin wird für ein Soufflé nur der Boden der Form und nicht der Rand gefettet und je nach Geschmack und Zubereitung mit Mehl, Semmelbröseln,

Dieses Kartoffelsoufflé (Rezept Seite 52) zergeht auf der Zunge.

gemahlenen Nüssen, Mandeln oder geriebenem Käse ausgestreut. Die Wände der Form werden ganz freigelassen, damit die Masse beim Aufgehen nicht abrutscht.

<u>Zubereitung</u>
Für ein Soufflé wird unter die Grundmasse, die meistens aus Saucen wie Béchamel, aus Gemüse, oder aus Obstpürees oder anderen zerkleinerten Zutaten besteht, ein sehr steifer frisch geschlagener Eischnee gehoben. Das sollte allerdings erst geschehen, bevor das Soufflé in den Backofen geschoben wird. Sobald die Masse mit dem untergeschlagenen Eischnee länger steht, fällt sie nämlich in sich zusammen.
Gebacken wird das Soufflé dann im vorgeheizten Backofen bei mittlerer Temperatur und auf der untersten Schiene. Unten deshalb, damit es zunächst langsam aufgehen kann, bevor sich möglichst

ganz zum Schluß erst eine Kruste bildet.

Wichtig: Während des Garens darf die Backofentür keinesfalls geöffnet werden, denn schon der kleinste Luftzug läßt die köstliche Pracht in sich zusammenfallen.
Ist das Soufflé fertig, nehmen Sie es ganz vorsichtig aus dem Backofen, denn so zart wie es ist, möchte es auch behandelt werden. Dann sollten Sie es unverzüglich servieren – bereits nach fünf bis acht Minuten ist es nämlich mit der luftigen Schönheit schon vorbei.

Formsachen

Aufläufe, Gratins und Soufflés gibt es in den unterschiedlichsten Varianten in fast allen Ländern der Erde. Eines aber haben alle gemein: Sie werden in feuerfeste Formen gefüllt und im Backofen gegart. Welche Form die richtige ist, hängt von der Zubereitungsart, der Personenzahl und dem Anlaß, für den das Gericht gedacht ist, ab. Für herzhaft bodenständige Ofengerichte nehmen Sie am besten entsprechend derbes, bäuerliches Geschirr, für feierliche Einladungen dagegen feinere Formen aus Porzellan oder Keramik. Mit Glasformen können Sie keinen Fehler machen, sie passen immer.
Die Wahl der richtigen Form ist wichtig, weil ja alles direkt aus dem Ofen auf den Tisch kommt. Deshalb sollten Sie auch gleich einen passenden Untersetzer bereitlegen. Es gibt sie aus Edelstahl, Gußeisen, Holz, Korb, Kork oder Keramik und manche Auflaufformen werden schon gleich mit Untersetzer oder Metallgestell angeboten.

Steingut – Keramik – Ton
Formen aus diesen Materialien leiten die Hitze besonders sanft und beständig. Auch zarte Zutaten werden darin schonend gegart. Es bildet sich nämlich

Feuerfeste Auflauf-, Gratin- und Souffléformen gibt es in vielen Variationen.

sehr schnell eine krosse Kruste, die erstens prima schmeckt und außerdem verhindert, daß das saftige Innenleben trocken wird. Steingut- und Keramikformen gibt es in jedem Haushaltswarenladen oder in den Spezialabteilungen großer Kaufhäuser. Wenn Sie ein Mikrowellengerät besitzen, sollten Sie beim Einkauf darauf achten, daß die Form auch dafür verwendbar ist.

Metallformen
Sie können aus hochglänzendem Edelstahl, leichtem Aluminium, Gußeisen oder emailliertem Gußeisen sein. Da Metall die Hitze besonders schnell und direkt leitet, kann sich die Garzeit von zarten Zutaten in solchen Formen noch verkürzen. Ein weiterer Vorteil: Die Hitze hält sich besonders lange, so daß das fertige Gericht nicht so schnell abkühlt.

Glasformen
Sie müssen natürlich immer aus feuerfestem Glas bestehen. Auch davon gibt es ganz verschiedene Formen und Größen. Das Schöne an Glasformen ist, daß die einzelnen Schichten des Auflaufs darin so gut zu erkennen sind. Außerdem paßt eine Form aus Glas zu jedem Eßservice, ganz gleich, ob es aus rustikaler Keramik oder aus feinem Porzellan besteht. Viele Glasformen werden gleich mit passendem Gestell aus Metall, Edelstahl oder sogar aus Silber zu jedem Auflauf und Anlaß passend angeboten. Praktisch sind auch diejenigen Glasformen aus besonders robustem Material, die gleichermaßen hitze- und kältebeständig sind. In diesen Formen können Sie Ihren Auflauf vorbereiten, einfrieren und gleich aus der Tiefkühltruhe in den Backofen und dann auf den Tisch stellen.

Souffléformen
Sie bestehen meistens aus feinem Porzellan oder Steingut. Es gibt sie in verschiedenen Größen und als Portionsförmchen – in ihnen sieht ein Soufflé besonders hübsch aus. Souffléformen haben im Gegensatz zu Auflauf- oder Gratinformen einen hohen Rand, damit die Masse genug Platz zum Aufsteigen hat. Denken Sie aber daran, daß Souffléformen nur zu zwei Dritteln gefüllt werden dürfen. Wenn Sie die Formen zu voll machen, läuft die Masse über.

Besonders wichtig: der Käse

Fast alles, das im Ofen überbacken wird, braucht Käse. Für die schönsten Ofengerichte sehen Sie hier die wichtigsten Käsesorten auf einen Blick:

Appenzeller ist ein herzhafter Hartkäse aus dem gleichnamigen Schweizer Kanton. Er hat 50 % Fett.

Camembert ist ein Weichkäse mit Außenschimmel und 45 % Fett. Er sollte richtig reif sein.

Emmentaler, der klassische Käse zum Überbacken mit typischem Aroma und 45 % Fettgehalt, kommt ursprünglich aus der Schweiz, aus Emmental.

Gorgonzola ist der italienische Verwandte des französischen Roquefort. Dieser würzige Käse mit 45 % Fett hat zwar ein etwas milderes Aroma als der Roquefort, aber dennoch: Vorsicht beim Salzen, wenn Sie eine der beiden Käsesorten verwenden! Etwas milder und cremiger, mit weniger Edelschimmel aber mehr Mascarpone ist der Sahnegorgonzola.

Gouda kommt aus Holland, benannt nach der Stadt Gouda. Zum Überbacken eignet sich »mittelalter« Gouda am besten.

Knoblauchschnittkäse ist ein holländischer Käse mit Knoblauchstückchen. Er bereichert Ofengerichte durch sein würziges Aroma und eignet sich wegen seines hohen Fettgehalts von 50 % gut zum Überbacken.

Mozzarella gab es ursprünglich nur aus Büffelmilch, heute ist auch die preisgünstigere Version aus Kuhmilch auf dem Markt. Der Frischkäse in Kugelform mit einem Fettgehalt von 45 % ist im Geschmack fast neutral.

Parmesan, der aromatische italienische Käse, sollte wegen seines niedrigen Fettgehalts (35 %) immer zusammen mit Öl oder Butter verwendet werden.

Käse muß sein – vor allem bei Aufläufen, Gratins und Soufflés – und es macht Spaß ihn einzukaufen!

Roquefort ist ein französischer Edelpilzkäse (52 % Fett) aus Schafmilch. Er hat ein kräftiges Aroma. Sein blauer Edelschimmel hinterläßt im geschmolzenen Zustand seine Spuren.

Tips und Tricks

- Zum Ausfetten der Formen immer weiche Butter benutzen, weil sie sich viel leichter verstreichen läßt. Halbweiche Butter läßt sich gut mit einem Stück Pergamentpapier verteilen. Wenn Sie Öl zum Fetten verwenden, benutzen Sie am besten einen Backpinsel.
- Falls die Kruste etwas zu dunkel werden sollte, können Sie die Form bis zum Ende der Garzeit mit Alufolie abdecken.
- Wenn es ganz schnell gehen soll, legen Sie die vorbereiteten Zutaten noch heiß in die Form.
- Jedes Gericht ist natürlich nur so gut wie seine Zutaten. Deshalb: je frischer das Gemüse und der Käse, desto besser werden Auflauf, Gratin oder Soufflé. Aber mit tiefgefrorenen Produkten gelingen die Gerichte natürlich auch.
- Gemüse darf nicht zu weich gegart werden, dadurch leiden Konsistenz und Aroma.
- Butterflöckchen oder Flocken aus Streichkäse zum Schluß auf dem Auflauf verteilt, geben Farbe und Aroma.
- Bevor die Gerichte in den Ofen kommen, sollten Sie Speisereste am Rand der Form immer gründlich abwischen, denn sonst brennen sie ein. Das riecht angebrannt und sieht nicht sehr appetitlich aus.
- Achten Sie vor dem Servieren darauf, daß ein passender Untersetzer bereitliegt!
- Übrigens: Einige Aufläufe, vor allem süße oder vegetarische, schmecken auch kalt gut!
- Und noch etwas wichtiges zum Schluß: Egal ob Sie einen Auflauf, ein Gratin oder ein Soufflé zubereiten, legen Sie sich immer ein paar dicke Topflappen parat!

Klassisches Kartoffelgratin

Zutaten für 4 Personen:
1 Knoblauchzehe
Fett für die Form
750 g Kartoffeln (mehlige Sorte)
schwarzer Pfeffer, frisch gemahlen
Salz
1 Prise Muskatnuß, frisch gerieben
1/4 l Milch
400 g Sahne
100 g Greyerzer oder Emmentaler, frisch gerieben
2 Eßl. Butter

Gelingt leicht
Preiswert

Pro Portion etwa:
3000 kJ/710 kcal
17 g Eiweiß · 54 g Fett
39 g Kohlenhydrate

- Zubereitungszeit: etwa 1 1/2 Stunden

1. Die Knoblauchzehe schälen, längs halbieren und eine große, feuerfeste Form mit der Schnittfläche der Knoblauchzehe kräftig ausreiben. Dann die Form ausfetten.

2. Die Kartoffeln gründlich waschen, schälen und mit der Küchenmaschine oder dem Gurkenhobel in sehr dünne Scheiben schneiden.

3. Die Kartoffelscheiben eng aneinander schuppenartig in die Form legen. Möglichst nur in einer Schicht. Die Kartoffeln mit Pfeffer und Salz und mit der frisch geriebenen Muskatnuß würzen.

4. Den Backofen auf 180° vorheizen. In einem Rührbecher die Milch mit der Sahne und dem geriebenen Käse verquirlen und gleichmäßig über die Kartoffeln in der Form gießen. Die Butter in Flöckchen darauf setzen.

5. Die Form auf dem Rost in den Backofen (Mitte) schieben und das Gericht etwa 1 Stunde backen. Dann die Temperatur auf 200° erhöhen und das Gericht weitere 15 Minuten backen, bis eine schöne Kruste entsteht.

Kartoffeln mit Honigkruste

Schmecken toll als Snack.

Zutaten für 4 Personen:
750 g kleinere, möglichst gleich große Kartoffeln (mehlige Sorte)
3 Eßl. Olivenöl
1 kleine Zwiebel
3 Knoblauchzehen
5 Eßl. Honig
4 Eßl. Tomatenmark
Salz
schwarzer Pfeffer, frisch gemahlen
Muskatnuß, frisch gerieben
1 Teel. frischer Oregano

Raffiniert
Gelingt leicht

Pro Portion etwa:
1100 kJ/260 kcal
5 g Eiweiß · 8 g Fett
45 g Kohlenhydrate

- Zubereitungszeit: etwa 1 Stunde

1. Die Kartoffeln schälen, waschen und längs halbieren. Ein Backblech mit Alufolie auslegen und mit 2 Eßlöffeln von dem Olivenöl bepinseln. Die Kartoffeln mit der Schnittfläche nach oben darauf setzen.

2. Den Backofen auf 220° vorheizen.

3. Die Zwiebel schälen und fein hacken. In einer Pfanne das restliche Olivenöl erhitzen und die Zwiebelwürfel darin glasig dünsten. Den Knoblauch schälen und durch die Knoblauchpresse dazudrücken. Den Honig und das Tomatenmark hinzufügen und alles gut verrühren, so daß eine gleichmäßige Paste entsteht. Mit Salz Pfeffer, Muskat und dem Oregano würzen.

4. Die Kartoffeln auf dem Backblech mit der Paste gleichmäßig bestreichen. Das Backblech in den Backofen (Mitte) schieben und die Kartoffeln etwa 40 Minuten backen, bis sie schön knusprig sind. Falls die Oberfläche der Kartoffeln zu schnell dunkel wird, diese mit Alufolie abdecken.

Im Bild oben:
Klassisches Kartoffelgratin
Im Bild unten:
Kartoffeln mit Honigkruste

Broccoli-Chicorée-Gratin

Dieses Gericht ist eine köstliche Beilage zu Braten oder Ragouts. Sie können es aber auch als vegetarisches Hauptgericht für 2 Personen servieren.
Zum Überbacken eignet sich statt des Sahnegorgonzolas auch ein preiswerterer Blauschimmelkäse.

Zutaten für 4 Personen:
300 g Broccoli, frisch oder tiefgefroren, aufgetaut
4 mittelgroße Chicoréestauden
Salz
1 große Zwiebel
3 Eßl. Butter
4 Eßl. Semmelbrösel
3 Eßl. gehobelte Haselnüsse
schwarzer Pfeffer, frisch gemahlen
1 Messerspitze Cayennepfeffer
150 g Sahnegorgonzola
1 Kästchen Kresse
Fett für die Form

Vegetarisch · Raffiniert

Pro Portion etwa:
2000 kJ/480 kcal
17 g Eiweiß · 34 g Fett
22 g Kohlenhydrate

- Zubereitungszeit: etwa 50 Minuten

1. Den frischen Broccoli waschen, putzen, die Röschen abschneiden, die Stengel schälen und in Stücke schneiden.

2. Den Chicorée längs halbieren, den bitteren Strunk von unten kegelförmig aus der Mitte herausschneiden. Den Chicorée kurz abspülen.

3. In einem großen Topf reichlich Salzwasser zum Kochen bringen und den Chicorée etwa 3 Minuten darin garen, herausnehmen und gut abtropfen lassen. Dann den Broccoli in dem kochenden Salzwasser etwa 5 Minuten garen, eiskalt abschrecken und gut abtropfen lassen.

4. Die Zwiebel schälen und sehr fein hacken. In einer Pfanne 1 Eßlöffel von der Butter erhitzen und die Zwiebelwürfel darin weich dünsten. Die Semmelbrösel und die Haselnüsse unterrühren und kurz mitbraten. Mit Salz, Pfeffer und dem Cayennepfeffer würzen.

5. Den Backofen auf 200° vorheizen.

6. Eine feuerfeste Form ausfetten. Den Broccoli und den Chicorée streifenförmig hineinlegen. Den Käse in kleine Stücke schneiden und die Hälfte davon zwischen das Gemüse streuen. Die Kresse abspülen und die Blättchen mit einer Küchenschere abschneiden. Die Hälfte der Kresse zwischen das Gemüse streuen. Mit Salz und Pfeffer würzen.

7. Die Haselnuß-Semmelbrösel-Mischung auf dem Gemüse verteilen und den restlichen Käse darüber streuen.

8. Das Gratin auf dem Rost in den Backofen (Mitte) schieben und in etwa 20 Minuten überbacken. Den Auflauf mit den übrigen Kresseblättchen bestreut servieren.

Tip!

Sättigender wird das Gratin, wenn die Chicoréestauden jeweils mit einer Scheibe gekochtem Schinken umwickelt werden. Sie brauchen dafür etwa 250 g Schinken in nicht ganz dünnen Scheiben. Außerdem schmeckt das Broccoli-Chicorée-Gratin toll als Beilage zu Fisch oder Fleisch.

So schmeckt's auch ohne Fleisch: Broccoli und Chicorée mit gehobelten Haselnüssen, im Ofen überbacken.

Rote-Bete-Gratin

Rote Bete ist ein Gemüse, das leider bei uns immer ein bißchen vernachlässigt wird, dabei ist die rote Knolle besonders aromatisch und sehr gesund. Dieses Gratin ist eine köstliche Beilage oder auch ein vegetarisches Hauptgericht für 2 Personen.

Zutaten für 4 Personen:
600 g Rote Bete
Salz
1 Lorbeerblatt
1 Teel. Kümmel
1 Eßl. Essig
1 Knoblauchzehe
Fett für die Form
schwarzer Pfeffer, frisch gemahlen
200 g Sahne
100 g Knoblauchschnittkäse, frisch gerieben
1 Bund Schnittlauch

Raffiniert · Preiswert

Pro Portion etwa:
1400 kJ/330 kcal
11 g Eiweiß · 26 g Fett
15 g Kohlenhydrate

- Zubereitungszeit: etwa 1 1/4 Stunden

1. Die roten Beten waschen, in einen Topf geben und mit Wasser bedecken. 1/2 Teelöffel Salz, das Lorbeerblatt, den Kümmel und den Essig dazugeben. Aufkochen und je nach Größe der Knollen 30 – 45 Minuten garen. Dabei prüfen, ob sie schon weich sind.

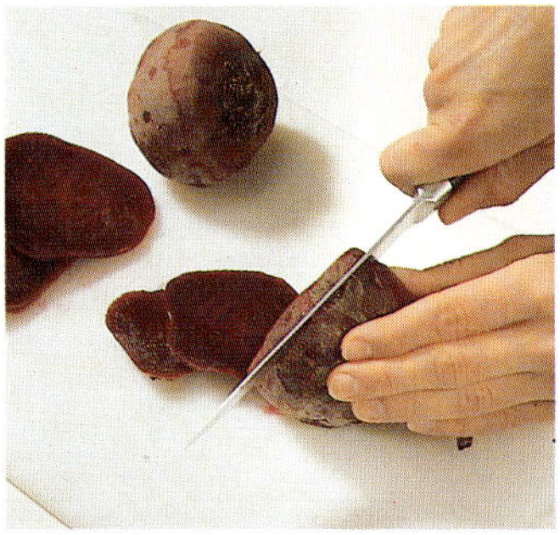

2. Die roten Beten herausnehmen, eiskalt abschrecken, vorsichtig schälen und in 1/2 cm dicke Scheiben schneiden. Die Knoblauchzehe schälen, längs halbieren und eine feuerfeste Form mit der Schnittfläche ausreiben. Dann die Form ausfetten.

3. Die Rote-Beten-Scheiben dachziegelartig in die Form legen, salzen und pfeffern. Den Backofen auf 180° vorheizen. In einem Rührbecher die Sahne mit dem geriebenen Käse verquirlen und gleichmäßig über dem Gemüse verteilen. Im Backofen (Mitte) in etwa 20 Minuten überbacken, bis die Oberfläche leicht gebräunt ist.

4. Inzwischen den Schnittlauch waschen, trockenschütteln und kleinschneiden. Die Schnittlauchröllchen über das fertige Gericht streuen.
Dazu passen Pellkartoffeln.

Gemüsesoufflé mit Frischkäse

Der Frischkäse und die Eier verbinden die Gemüsesorten harmonisch miteinander. Sie können je nach Saison auch andere Gemüsesorten verwenden.

Zutaten für 4 Personen:
500 g Möhren
400 g Lauch
200 g Doppelrahmfrischkäse
4 Eigelb
Salz
weißer Pfeffer, frisch gemahlen
Muskatnuß, frisch gemahlen
1 Prise Zucker
4 Eiweiß
1 Messerspitze Backpulver
2 Eßl. Paniermehl
Fett für die Form

Gelingt leicht
Vegetarisch

Pro Portion etwa:
1500 kJ/360 kcal
18 g Eiweiß · 25 g Fett
16 g Kohlenhydrate

- Zubereitungszeit: etwa 1 Stunde 20 Minuten

1. Die Möhren waschen, würfeln und in etwa 10 Minuten weich kochen, abtropfen und auskühlen lassen. Den Lauch putzen, längs aufschlitzen, ausspülen und in Streifen schneiden. In einem großen Topf im kochenden Salzwasser etwa 2 Minuten blanchieren, eiskalt abschrecken und sehr gut abtropfen lassen.

2. Den Doppelrahmfrischkäse mit den Möhren und den Eigelben im Mixer zu einer geschmeidigen Paste verarbeiten. Mit Salz, Pfeffer, Muskatnuß und dem Zucker abschmecken. Die Masse in einer Schüssel mit den Lauchstreifen mischen.

3. In einem Rührbecher die Eiweiße mit dem Backpulver mit Hilfe des Handrührgerätes zu sehr steifem Schnee schlagen und unter die Masse heben. Den Backofen auf 180° vorheizen. Den Boden einer Souffléform fetten und das Paniermehl auf den Boden streuen.

4. Die Gemüsemischung in die Form füllen, auf dem Rost in den Backofen (unten) schieben und in 40–45 Minuten goldgelb backen.
Dann sofort servieren, da das Soufflé schnell zusammenfällt, wenn es länger steht.

Spargelgratin

Zutaten für 4 Personen:
750 g möglichst gleich große Kartoffeln (mehlige Sorte)
750 g grüner Spargel
Salz
300 g gekochter Schinken
Fett für die Form
2 Eßl. Butter
2 Eßl. Mehl
1/4 l Milch
100 g mittelalter Gouda, frisch gerieben
weißer Pfeffer, frisch gemahlen
1 Prise Muskatnuß, frisch gerieben
Zitronensaft
4 Eßl. Schnittlauchröllchen

Etwas teuer · Raffiniert

Pro Portion etwa:
2300 kJ/550 kcal
32 g Eiweiß · 30 g Fett
42 g Kohlenhydrate

• Zubereitungszeit: etwa 1 Stunde

1. Die Kartoffeln in etwa 30 Minuten garen, schälen und in Scheiben schneiden.

2. Das untere Drittel des Spargels schälen, die Enden abschneiden. Den Spargel etwa 10 Minuten in kochendem Salzwasser garen. Herausnehmen, abschrecken, gut abtropfen lassen.

3. Den Schinken vom Fettrand befreien und in schmale Streifen schneiden.

4. Eine feuerfeste Form ausfetten. Kartoffeln, Schinken, Spargel einschichten. Jede Schicht salzen und pfeffern.

5. Die Butter in einem Topf zerlassen, das Mehl einrühren, kurz anschwitzen, die Milch aufgießen, aufkochen und etwa 5 Minuten köcheln lassen, dabei immer wieder umrühren. Den Käse einstreuen, die Sauce mit Salz, Pfeffer, Muskatnuß und Zitronensaft abschmecken.

6. Den Backofen auf 200° vorheizen. Die Sauce über das Gratin gießen, den Schnittlauch darüber streuen. Die Form auf dem Rost in den Backofen (oben) schieben und das Gratin in 20–25 Minuten goldgelb überbacken.

Maissoufflé mit Edelpilzkäse

Zutaten für 4 Personen:
2 Eßl. Butter
2 Eßl. Mehl
1/2 l Milch
200 g Edelpilzkäse (Roquefort, Gorgonzola)
Salz
weißer Pfeffer, frisch gemahlen
1 Prise Muskatnuß, frisch gerieben
2 Eier
425 g Mais, aus der Dose, abgetropft
2 Eßl. gemahlene Haselnüsse
Fett für die Form

Gelingt leicht · Preiswert

Pro Portion etwa:
2600 kJ/620 kcal
23 g Eiweiß · 42 g Fett
37 g Kohlenhydrate

• Zubereitungszeit: etwa 1 Stunde

1. Die Butter in einem Topf zerlassen. Das Mehl einstreuen und unter Rühren goldgelb anschwitzen. Die Milch langsam mit dem Schneebesen unterschlagen. Aufkochen und etwa 10 Minuten köcheln lassen, dabei immer wieder umrühren.

2. Den Käse zerbröckeln, unter die Sauce rühren und auflösen lassen. Die Sauce mit Salz, Pfeffer und der geriebenen Muskatnuß würzen.

3. Die Eier in Eigelbe und Eiweiße trennen. Den Mais und die Eigelbe im Mixer pürieren, dann in eine Schüssel geben. Die Käsesauce hinzufügen.

4. Den Backofen auf 220° vorheizen.

5. Die Eiweiße mit einer Prise Salz steif schlagen und zum Schluß unter die Maismasse heben.

6. Den Boden einer feuerfesten Souffléform ausfetten und mit den gemahlenen Haselnüssen ausstreuen. Die Masse in die Form füllen und in den Backofen (Mitte) stellen. Das Soufflé in 20–25 Minuten goldgelb backen.

Im Bild oben: Spargelgratin
Im Bild unten: Maissoufflé mit Edelpilzkäse

Zucchini-Austernpilz-Gratin

Zutaten für 4 Personen:
1 kg Austernpilze
4 Eßl. Butterschmalz
2 Knoblauchzehen
750 g Zucchini
Fett für die Form
Salz
Pfeffer, frisch gemahlen
Muskatnuß, frisch gerieben
200 g Sahne
200 ccm Milch
4 Eier
100 g Emmentaler, frisch gerieben

Raffiniert · Für Gäste

Pro Portion etwa:
2800 kJ/670 kcal
26 g Eiweiß · 53 g Fett
10 g Kohlenhydrate

- Zubereitungszeit: etwa 1 Stunde

1. Die Austernpilze putzen, im heißen Butterschmalz portionsweise auf jeder Seite 1–2 Minuten anbraten, herausnehmen und in eine Schüssel geben. Die Knoblauchzehen durch die Knoblauchpresse dazudrücken. Die Zucchini waschen und von den Blüten- und Stengelansätzen befreien. Die Zucchini mit dem Gurkenhobel in Längsscheiben schneiden.

2. Die Zucchinischeiben in kochendem Salzwasser etwa 1/2 Minute garen, herausnehmen und gut abtropfen lassen.

3. Den Backofen auf 220° vorheizen.

4. Eine feuerfeste Form ausfetten. Die Austernpilze und die Zucchinischeiben dachziegelartig in die Form legen und mit Salz, Pfeffer und Muskatnuß würzen.

5. In einem Rührbecher die Sahne mit der Milch, den Eiern und dem Emmentaler verrühren und über das Gemüse gießen. Im Backofen (Mitte) in etwa 35 Minuten überbacken, bis die Oberfläche leicht gebräunt ist.

Spinat-Quark-Auflauf mit Sesam

Zutaten für 4 Personen:
500 g frischer Blattspinat
Salz
2 Zwiebeln
2 Eßl. Butter
3 Knoblauchzehen
Pfeffer, frisch gemahlen
Muskatnuß, frisch gerieben
750 g Speisequark (20 % Fett)
2 Eier
2 Eigelb
Fett für die Form
4 Eßl. Sesamsaat

Vegetarisch · Raffiniert

Pro Portion etwa:
2100 kJ/500 kcal
36 g Eiweiß · 35 g Fett
14 g Kohlenhydrate

- Zubereitungszeit: etwa 1 1/2 Stunden

1. Den Spinat verlesen, waschen und die Stiele entfernen. In kochendem Salzwasser kurz blanchieren, abschrecken und in einem Sieb gut abtropfen lassen.

2. Die Zwiebeln fein hacken. Die Butter zerlassen, die Zwiebelwürfel darin weich dünsten. Den Knoblauch schälen und durch die Presse dazudrücken. Den Spinat dazugeben und dünsten, bis die Flüssigkeit verdampft ist. Mit Salz, Pfeffer und Muskatnuß würzen. Den Speisequark mit den Eiern und den Eigelben verrühren. Den Spinat untermischen, abschmecken.

3. Den Backofen auf 200° vorheizen.

4. Eine feuerfeste Form ausfetten, mit etwas Sesamsaat ausstreuen. Die Spinatmasse einfüllen, mit dem restlichen Sesam bestreuen. Im Backofen (Mitte) in etwa 40 Minuten goldgelb backen.

Bild oben:
Zucchini-Austernpilz-Gratin
Bild unten:
Spinat-Quark-Auflauf mit Sesam

Chinakohlgratin

Zutaten für 4 Personen:
6 Eier
1 kleiner Chinakohl (etwa 600 g)
Salz
1 mittelgroße Zwiebel
3 Eßl. Butter
2 Eßl. Mehl
1 Eßl. Curry
3/8 l Milch
2 Eßl. Mandelblättchen
150 g mittelalter Gouda, frisch gerieben
schwarzer Pfeffer, frisch gemahlen
Fett für die Form

Preiswert · Gelingt leicht

Pro Portion etwa:
2000 kJ/480 kcal
29 g Eiweiß · 32 g Fett
16 g Kohlenhydrate

- Zubereitungszeit: etwa 1 Stunde

1. Die Eier hart kochen, schälen und längs halbieren.

2. Den Chinakohl putzen, vierteln, den Strunk entfernen. Die Viertel in etwa 1 cm breite Streifen schneiden. In kochendem Salzwasser etwa 2 Minuten blanchieren, abschrecken, abtropfen lassen.

3. Die Zwiebel fein hacken. Die Butter erhitzen und die Zwiebeln darin weich dünsten. Mit dem Mehl bestäuben, anschwitzen lassen und den Curry unterrühren. Die Milch darunterschlagen, etwa 10 Minuten kochen und dabei immer wieder umrühren. Die Mandelblättchen und den Käse dazufügen, mit Salz und Pfeffer würzen.

4. Den Backofen auf 220° vorheizen.

5. Eine feuerfeste Form ausfetten. Den Chinakohl einfüllen, die Eier darauf setzen, die Sauce darüber gießen. Im Backofen (Mitte) etwa 20 Minuten goldgelb überbacken.

Champignon-Tomaten-Gratin

Zutaten für 4 Personen:
2 große Zwiebeln
80 g durchwachsener Speck in Scheiben
3 Frühlingszwiebeln
1 Eßl. Olivenöl
600 g Champignons oder Egerlinge
2 Knoblauchzehen
2 große Fleischtomaten (etwa 300 g)
Salz
schwarzer Pfeffer, frisch gemahlen
1/2 Teel. Paprika, edelsüß
2 Teel. frischer Thymian (oder 1/2 Teel. getrockneter Thymian)
4 Eier
50 g Emmentaler Käse, frisch gerieben
50 g Semmelbrösel
2 Eßl. Butter
Fett für die Form

Raffiniert · Preiswert

Pro Portion etwa:
2100 kJ/500 kcal
20 g Eiweiß · 40 g Fett
17 g Kohlenhydrate

- Zubereitungszeit: etwa 1 1/2 Stunden

1. Die Zwiebeln fein hacken. Den Speck würfeln. Die Frühlingszwiebeln putzen, waschen und in feine Ringe schneiden.

2. Das Öl erhitzen. Den Speck darin auslassen. Die Zwiebeln und die Hälfte der Frühlingszwiebeln hinzufügen und etwa 8 Minuten dünsten.

3. Die Pilze putzen und blättrig schneiden. In die Pfanne geben und dünsten, bis die Flüssigkeit verdampft ist. Den Knoblauch schälen und durch die Presse dazudrücken. Den Backofen auf 220° vorheizen.

4. Die Tomaten überbrühen und häuten, dabei die Stengelansätze und Kerne entfernen. Die Tomaten grob hacken. Mit dem Pfanneninhalt und den Gewürzen verrühren. Die Eier unterheben.

5. Eine feuerfeste Form ausfetten und die Pilzmischung hineinfüllen. Den Emmentaler mit den Semmelbröseln und den restlichen Frühlingszwiebeln auf dem Auflauf verteilen und die Butter in Flöckchen darauf setzen. Im Backofen (Mitte) in 30–35 Minuten goldgelb backen.

Im Bild oben: Chinakohlgratin
Im Bild unten: Champignon-Tomaten-Gratin

Reissoufflé

Zutaten für 4 Personen:
250 g Rundkornreis (Avorio)
1 l Milch
1/2 Teel. Salz
schwarzer Pfeffer, frisch gemahlen
1 Prise Muskatnuß, frisch gerieben
4 Eier
200 g Parmaschinken
150 g Parmesan, frisch gerieben
4 Knoblauchzehen
3 Eßl. Petersilie, fein gehackt
Fett für die Form

Braucht etwas Zeit

Pro Portion etwa:
3500 kJ/830 kcal
43 g Eiweiß · 45 g Fett
66 g Kohlenhydrate

- Zubereitungszeit: etwa 2 Stunden

1. Den Reis und die Milch mit den Gewürzen aufkochen und bei schwacher Hitze etwa 25 Minuten ausquellen lassen, umrühren. Dann den Reis in etwa 1 Stunde auskühlen lassen.

2. Die Eier trennen. Den Schinken kleinschneiden, den Parmesan dazugeben, den Knoblauch durch die Presse dazudrücken. Die Petersilie unterrühren. Alles mit den Eigelben unter den Reis mischen. Den Backofen auf 170° vorheizen.

3. Die Eiweiße steif schlagen und unter die Reismasse heben. Diese in einer gefetteten Souffléform im Backofen (unten) in etwa 45 Minuten goldgelb backen.

Reisgratin mit Putenstreifen

Zutaten für 4 Personen:
500 g Putenschnitzel
etwa 1 cm Ingwerwurzel
2 Knoblauchzehen
2 Eßl. Sherry (ersatzweise 2 Eßl. Hühnerbrühe)
2 Eßl. Sojasauce
1 Zwiebel
2 Stangensellerie
4 Eßl. Öl
250 g Wildreis
1/2 l Hühnerbrühe (Instant)
150 g Sojasprossen
3 Eier
150 g Erbsen, tiefgefroren
Salz
Pfeffer, frisch gemahlen
150 g Crème fraîche
2–3 Eßl. Butter

Raffiniert · Für Gäste

Pro Portion etwa:
4700 kJ/1100 kcal
71 g Eiweiß · 66 g Fett
66 g Kohlenhydrate

- Zubereitungszeit: etwa 2 Stunden (davon etwa 1 Stunde Marinierzeit)

1. Die Putenschnitzel in Streifen schneiden. Den Ingwer raspeln, den Knoblauch durch die Knoblauchpresse drücken. Mit dem Sherry und der Sojasauce unter das Fleisch mischen und zugedeckt etwa 1 Stunde im Kühlschrank ziehen lassen.

2. Inzwischen die Zwiebel hacken, den Stangensellerie in Streifen schneiden und mit 2 Eßlöffeln Öl glasig dünsten. Den Reis einstreuen und anrösten. Die Hühnerbrühe dazugießen und zugedeckt etwa 20 Minuten quellen lassen.

3. Die Sojasprossen waschen, abtropfen lassen und mit 2 Eiern und den tiefgefrorenen Erbsen unter den Reis mischen. Mit Salz und Pfeffer würzen.

4. Die Putenstreifen aus der Marinade nehmen und in etwas Öl von allen Seiten kurz anbraten.

5. Den Backofen auf 220° vorheizen. Eine feuerfeste Form mit dem restlichen Öl auspinseln. Die Hälfte der Reis-Gemüse-Mischung hineingeben, das Putenfleisch darauf verteilen und den Rest der Reis-Gemüse-Mischung darüber geben.

6. In einer Schüssel die Marinade mit der Crème fraîche und dem restlichen Ei verrühren und über den Reis gießen. Die Butter in Flöckchen darauf setzen. Im Backofen (Mitte) in etwa 25 Minuten überbacken.

Im Bild oben: Reissoufflé
Im Bild unten:
Reisgratin mit Putenstreifen

Grießauflauf mit Hühnerleber

Es muß nicht immer nur Grießbrei sein ... Probieren Sie doch einmal diese würzige Variante!

Zutaten für 4 Personen:
500 g Lauch
Salz
2 Fleischtomaten
400 g Hühnerleber
2 Eßl. Öl
schwarzer Pfeffer, frisch gemahlen
1 Teel. frischer Majoran (oder 1/2 Teel. getrockneter Majoran)
3 Eier
80 g Butter
500 g Kräuterquark
100 g Grieß
1 Teel. Backpulver
3 Eßl. Sesamsaat
Fett für die Form

Raffiniert

Pro Portion etwa:
2900 kJ/690 kcal
50 g Eiweiß · 41 g Fett
30 g Kohlenhydrate

- Zubereitungszeit: etwa 1 Stunde 10 Minuten

Tip!

Hühnerleber gibt es beim Geflügelhändler oder tiefgefroren im Supermarkt. Sie können dieses Gericht aber auch mit Kalbsleber zubereiten.

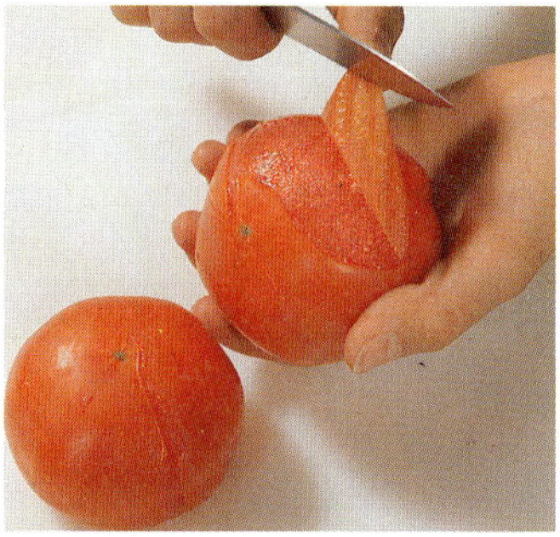

1. Den Lauch putzen, längs aufschlitzen, gut ausspülen und in dünne Ringe schneiden. In kochendem Salzwasser etwa 2 Minuten garen, abschrecken und sehr gut abtropfen lassen. Die Tomaten überbrühen, häuten und grob hacken, dabei die Stielansätze und Kerne entfernen.

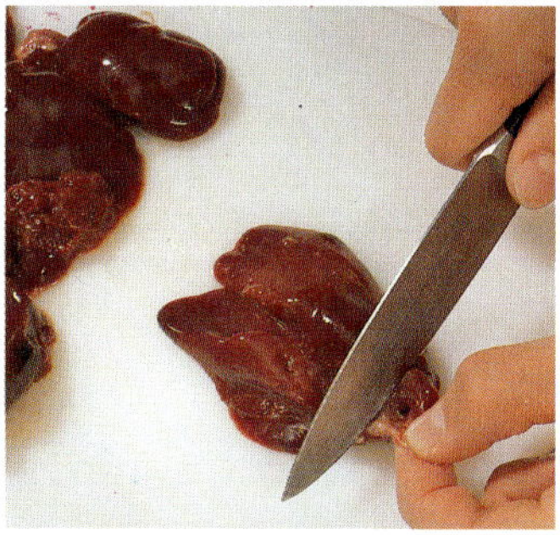

2. Die Hühnerleber von Häutchen und Fettstücken befreien und in die natürlichen Hälften teilen. Das Öl in einer Pfanne erhitzen, die Hühnerleber kurz und kräftig von allen Seiten darin anbraten, salzen pfeffern und mit dem Majoran bestreuen.

3. Die Eier in Eigelbe und Eiweiße trennen. Die Butter in einer Schüssel mit dem Handrührgerät schaumig schlagen und die Eigelbe, den Kräuterquark, den Grieß und das Backpulver unterarbeiten. Den Backofen auf 200° vorheizen. Eine feuerfeste Form ausfetten und mit etwas Sesamsaat ausstreuen.

4. Die Eiweiße steif schlagen und mit den Tomaten und dem Lauch unter die Grießmasse heben. Die Hälfte davon in die Form füllen. Die Hühnerleber darauf verteilen, mit der restlichen Masse bedecken und glattstreichen. Mit der übrigen Sesamsaat bestreuen. Im Backofen (Mitte) in etwa 40 Minuten goldgelb backen.

Gratinierte Grießnocken

Auch Grießnocken müssen nicht immer nur in der Suppe schwimmen. Daß sie zu mehr fähig sind, beweisen sie hier. Wer es lieber vegetarisch mag, kann das Kalbsbrät einfach weglassen.

Zutaten für 4 Personen:
1 Lauchstange (etwa 120 g)
1 Eßl. Öl
Salz
3 Eier
90 g weiche Butter
250 g Grieß
250 g Kalbsbrät
Pfeffer, frisch gemahlen
Muskatnuß, frisch gerieben
200 g Knoblauchschnittkäse, frisch gerieben
150 g Crème fraîche
Fett für die Form

Gelingt leicht · Preiswert

Pro Portion etwa:
3900 kJ/930 kcal
39 g Eiweiß · 64 g Fett
47 g Kohlenhydrate

- Zubereitungszeit: etwa 50 Minuten

Tip!

Die Grießnocken lassen sich einfach abstechen, wenn Sie den Eßlöffel immer wieder in kaltes Wasser tauchen.

1. Den Lauch putzen, längs halbieren und gut unter fließendem Wasser ausspülen. Die Hälften nochmals längs halbieren und kleinschneiden. Das Öl in einer Pfanne erhitzen und den Lauch etwa 3 Minuten darin dünsten. Abkühlen lassen.

2. In einem Topf reichlich Salzwasser zum Kochen bringen. Die Eier mit der Butter in einer Rührschüssel mit dem Handrührgerät schaumig schlagen und den Grieß einrieseln lassen. Das Kalbsbrät und den Lauch untermischen. Die Masse mit Salz, Pfeffer und geriebener Muskatnuß würzen.

3. Mit einem Eßlöffel Nocken von der Grießmasse abstechen und in dem siedenden Wasser 10–15 Minuten garen. Dann die Nocken mit dem Schaumlöffel herausnehmen. Den Backofen auf 220° vorheizen.

4. Eine feuerfeste Form ausfetten und die Nocken hineinlegen. In einer Schüssel den Knoblauchkäse mit der Crème fraîche mischen und auf den Nocken verteilen. Die Form in den Backofen (Mitte) stellen und das Gericht in etwa 20 Minuten goldbraun überbacken.

Nudelauflauf mit Zucchinisauce

Zutaten für 4 Personen:
125 g Hörnchennudeln
Salz
1 große Zwiebel
2 Knoblauchzehen
1 Eßl. Olivenöl
400 g gemischtes Hackfleisch
200 g Kalbsbrät
2 Eßl. Tomatenmark
300 g Knoblauch-Crème fraîche
3 Eier
1 Bund Petersilie
schwarzer Pfeffer, frisch gemahlen
1 Teel. Paprikapulver (edelsüß)
1 Messerspitze Cayennepfeffer
2 Teel. frischer Thymian (oder 1 Teel. getrockneter Thymian)
2 gleich große Zucchini (etwa 300 g)
Öl zum Auspinseln der Form
125 g Sahne

Gelingt leicht · Preiswert

Pro Portion etwa:
4500 kJ/1100 kcal
47 g Eiweiß · 77 g Fett
52 g Kohlenhydrate

- Zubereitungszeit: etwa 1 1/2 Stunden

1. Die Hörnchennudeln in kochendem Salzwasser in 10–12 Minuten »al dente«, bißfest, garen, abschrecken und gut abtropfen lassen.

2. Die Zwiebel und den Knoblauch schälen. Die Zwiebel fein hacken.

3. Das Olivenöl in einer Pfanne erhitzen und die Zwiebelwürfel darin weich dünsten. Den Knoblauch durch die Knoblauchpresse dazudrücken. Abkühlen lassen.

4. In einer Schüssel das Hackfleisch mit dem Kalbsbrät, der Zwiebel-Knoblauch-Mischung, dem Tomatenmark, der Crème fraîche und den Eiern verrühren.

5. Die Petersilie abspülen, trockenschütteln und ohne die groben Stiele hacken. Die Petersilie unter die Zutaten in der Schüssel mischen. Mit den Gewürzen abschmecken.

6. Die Zucchini waschen, abtrocknen und die Blüten- und Stengelansätze entfernen. Eine von den beiden Zucchinis längs mit dem Gurkenhobel in schmale Scheiben schneiden. Die andere grob raspeln und die Raspel in einer Schüssel beiseite stellen.

7. Den Backofen auf 200° vorheizen. Eine feuerfeste Form mit Öl auspinseln.

8. Den Boden der Form etwa 1 cm hoch mit Hackfleisch bedecken. Darauf die Hälfte der Zucchinischeiben verteilen. Wieder mit Hackfleisch bedecken, darauf die Nudeln geben. Einige Nudeln zum Garnieren beiseite legen. Hackfleisch, Zucchinischeiben und Nudeln weiter wechselweise in die Form geben, bis alles aufgebraucht ist. Die letzte Schicht sollte Hackfleisch sein. Den Auflauf mit den beiseite gelegten Hörnchennudeln garnieren.

9. Die Form auf dem Rost in den Backofen (Mitte) schieben und das Gericht in etwa 45 Minuten backen.

10. Inzwischen in einem Topf die geraspelten Zucchini mit der Sahne verrühren und etwa 10 Minuten köcheln lassen.

11. Die Zucchini-Sahne-Mischung im Mixer oder mit dem Pürierstab zerkleinern. Mit Salz und Pfeffer abschmecken. Die Zucchinisauce zu dem Nudel-Hackfleisch-Auflauf servieren.

Variante:
Nudelauflauf mit roher Tomatensauce
Statt der Zucchinisauce können Sie zu dem Nudelauflauf auch eine rohe Tomatensauce servieren. 400 g schöne reife Fleischtomaten häuten, entkernen und mit 1 geschälten Knoblauchzehe im Mixer oder mit dem Pürierstab pürieren. Mit Salz und Pfeffer würzen und 2 Eßlöffel frisch gehackte gemischte Kräuter unterrühren. Diese Sauce ist schnell fertig und läßt sich gut vorbereiten.

Nudelauflauf mit delikater Zucchinisauce oder einem Püree aus rohen Tomaten – wie wär's mit beidem?

Glasnudelgratin mit Tofu

Zutaten für 4 Personen:
400 g Glasnudeln
250 g Sojasprossen
1/2 Bund Frühlingszwiebeln
250 g Tofu (Reformhaus)
5 Eßl. Sojasauce
4 Eier
Saft von 1/2 Zitrone
etwa 1 cm Ingwerwurzel
Salz
Pfeffer, frisch gemahlen
Öl für die Form

Schnell · Vegetarisch

Pro Portion etwa:
780 kJ/190 kcal
14 g Eiweiß · 12 g Fett
6 g Kohlenhydrate

- Zubereitungszeit: etwa 45 Minuten

1. Die Glasnudeln mit kochendem Wasser überbrühen und etwa 10 Minuten ziehen lassen. Die Nudeln in einem Sieb abtropfen lassen und mit der Küchenschere kleinschneiden.

2. Die Sojasprossen waschen und abtropfen lassen. Die Frühlingszwiebeln putzen, waschen, in feine Ringe schneiden und mit den Glasnudeln und den Sojasprossen in einer Schüssel mischen.

3. Den Tofu grob zerschneiden und mit der Sojasauce, den Eiern und dem Zitronensaft im Mixer verarbeiten. Den Ingwer schälen, fein hacken und zu den Zutaten im Mixer geben.

4. Den Backofen auf 220° vorheizen.

5. Eine feuerfeste Form mit Öl auspinseln. Die Tofumischung unter die Nudeln rühren, mit Salz und Pfeffer würzen und in die Form füllen.

6. Die Form auf dem Rost in den Backofen (Mitte) schieben und das Gratin in etwa 20 Minuten überbacken.

Rigatoni-Quark-Gratin mit Mortadella

Zutaten für 4 Personen:
250 g italienische Mortadella
250 g Rigatoni (Röhrennudeln)
500 g Magerquark
Salz
schwarzer Pfeffer, frisch gemahlen
2 Teel. frischer Oregano (oder
1 Teel. getrockneter Oregano)
2 Teel. frischer Thymian (oder
1 Teel. getrockneter Thymian)
2 Bund Schnittlauch
250 g Sahne
Fett für die Form

Gelingt leicht · Preiswert

Pro Portion etwa:
3100 kJ/740 kcal
35 g Eiweiß · 45 g Fett
50 g Kohlenhydrate

- Zubereitungszeit: etwa 35 Minuten

1. Die Mortadella von der Haut befreien und in schmale Streifen schneiden.

2. In einem Topf reichlich Salzwasser zum Kochen bringen und die Rigatoni darin in etwa 10 Minuten »al dente«, bißfest, garen. Die Nudeln in ein Sieb abschütten, eiskalt abschrecken und sehr gut abtropfen lassen.

3. Den Magerquark mit den Mortadellastreifen und den Nudeln in eine Schüssel füllen. Mit Salz, Pfeffer, dem Oregano und dem Thymian kräftig würzen. Alles gut verrühren.

4. Den Schnittlauch waschen, trockenschütteln, in Röllchen schneiden und unter die Mischung rühren.

5. Den Backofen auf 250° vorheizen.

6. Eine feuerfeste Form ausfetten und die Nudel-Mischung hineinfüllen. Die Oberfläche glattstreichen und mit der Sahne begießen. Die Form auf dem Rost in den Backofen (Mitte) schieben und das Gericht in etwa 20 Minuten überbacken. Sofort servieren. Dazu paßt Tomatensalat mit Zwiebeln.

Im Bild oben:
Rigatoni-Quark-Gratin mit Mortadella
Im Bild unten:
Glasnudelgratin mit Tofu

Polenta mit Salami

Zutaten für 4–6 Personen:
1 1/2 l Gemüsebrühe (Instant)
350 g Polenta (Maisgrieß)
1 große Zwiebel
3 Eßl. Olivenöl
250 g Salami, in dickeren Scheiben
2 Bund glatte Petersilie
1 Bund Schnittlauch
Salz
schwarzer Pfeffer, frisch gemahlen
1 Teel. Paprikapulver (edelsüß)
2 Teel. frischer Oregano (oder
1 Teel. getrockneter Oregano)

Raffiniert
Gelingt leicht

Bei 4 Personen pro Portion etwa:
6300 kJ/1500 kcal
110 g Eiweiß · 79 g Fett
88 g Kohlenhydrate

• Zubereitungszeit: etwa 1 Stunde

1. Die Gemüsebrühe in einem großen Topf aufkochen. Die Polenta einstreuen und etwa 15 Minuten köcheln, dabei immer wieder umrühren.

2. Die Zwiebel fein hacken. In einer Pfanne 1 Eßlöffel von dem Olivenöl erhitzen und die Zwiebelwürfel darin glasig dünsten. Die Salami in kleine Würfel schneiden, dazugeben und etwa 5 Minuten mitbraten.

3. Den Backofen auf 200° vorheizen.

4. Die Petersilie und den Schnittlauch abspülen und trockenschütteln. Die Petersilie ohne die groben Stiele fein hacken. Den Schnittlauch in kleine Röllchen schneiden.

5. Die Salami-Zwiebel-Mischung mit den Kräutern unter den Maisbrei mischen. Mit den Gewürzen abschmecken.

6. Eine feuerfeste Form mit Öl auspinseln und die Masse einfüllen. Das übrige Olivenöl darüber träufeln. Im Backofen (Mitte) in etwa 30 Minuten goldgelb backen.

Pumpernickel-Auflauf mit Kabanossi

Zutaten für 4 Personen:
350 g Kabanossi-Wurst
je 2 rote und grüne Paprikaschoten
(etwa 400 g)
1 Zwiebel
2 Eßl. Öl
250 g Pumpernickel
2 Eier
200 g Frischkäse
Salz
Pfeffer, frisch gemahlen
Muskatnuß, frisch gerieben
Paprikapulver (edelsüß)
1 Messerspitze Cayennepfeffer
Fett für die Form

Gelingt leicht

Pro Portion etwa:
3300 kJ/790 kcal
26 g Eiweiß · 73 g Fett
5 g Kohlenhydrate

• Zubereitungszeit: etwa 1 Stunde

1. Die Kabanossi in kleine Würfel schneiden. Die Paprikaschoten vierteln, vom Kernhaus befreien, waschen und klein würfeln. Die Zwiebel schälen und fein hacken.

2. Das Öl in einer großen Pfanne erhitzen und die Zwiebelwürfel darin glasig dünsten. Die Kabanossi- und Paprikawürfel dazugeben und etwa 8 Minuten mitdünsten.

3. Den Pumpernickel kleinhacken und bis auf 4 Eßlöffel mit dem Gemüse mischen. Die Eier trennen und die Eigelbe mit dem Frischkäse ebenfalls unter das Gemüse rühren. Mit den Gewürzen abschmecken. Abkühlen lassen.

4. Die Eiweiße zu sehr steifem Schnee schlagen und unter die Masse heben.

5. Den Backofen auf 225° vorheizen.

6. Eine feuerfeste Form ausfetten, die Mischung hineingeben und die Oberfläche glattstreichen. Mit dem restlichen Pumpernickel bestreuen. Im Backofen (Mitte) in etwa 30 Minuten überbacken. Dazu paßt ein gemischter Blattsalat.

Bild oben: Polenta mit Salami
Bild unten:
Pumpernickel-Auflauf mit Kabanossi

Auflauf mit Penne und Kalbsleber

Penne – das heißt übersetzt Feder – denn diese kurzen Nudeln sind wie eine Schreibfeder an beiden Enden schräg abgeschnitten. Übrigens: statt Salbei eignen sich auch andere frische Kräuter.

Zutaten für 4 Personen:
400 g Penne oder andere kurze Nudeln
Salz
150 g Erbsen, tiefgefroren
400 g Kalbsleber
1 Zwiebel
2 Eßl. Butter
3 Eßl. Zitronensaft
2 Eßl. Tomatenmark
250 g Sahne
2 Zweige frischer Salbei
Pfeffer, frisch gemahlen
2 Teel. frischer Thymian (oder 1 Teel. getrockneter Thymian)
100 g Emmentaler, frisch gerieben
2 Eßl. Semmelbrösel
2 Eier
Fett für die Form

Etwas teurer · Schnell

Pro Portion etwa:
4100 kJ/980 kcal
49 g Eiweiß · 48 g Fett
88 g Kohlenhydrate

- Zubereitungszeit: etwa 45 Minuten

1. In einem großen Topf reichlich Salzwasser zum Kochen bringen und die Nudeln darin »al dente« (bißfest) kochen. In ein Sieb geben, kalt abschrecken und abtropfen lassen.

2. Die tiefgefrorenen Erbsen in einem Topf mit kochendem Salzwasser in etwa 6 Minuten garen, in ein Sieb geben und abtropfen lassen.

3. Die Kalbsleber von Häutchen befreien und in fingerdicke Streifen schneiden. Die Zwiebel schälen und fein hacken.

4. In einer Pfanne die Butter zerlassen und die Kalbsleber kurz darin schwenken. Herausnehmen und auf einen Teller legen. Die gehackte Zwiebel im verbliebenen Bratfett weich dünsten. Mit dem Zitronensaft ablöschen, das Tomatenmark unterrühren. Die Sahne dazugießen und um ein Drittel einkochen lassen.

5. Den Salbei waschen, trockenschütteln, die Blättchen von den Stengeln zupfen und nicht zu klein schneiden. Die Sauce mit Salz, Pfeffer, dem Salbei und dem Thymian würzen.

6. Eine feuerfeste Form ausfetten. Die Nudeln, die Kalbsleber und die Erbsen abwechselnd in die Form schichten. Jede Schicht mit Salz und Pfeffer würzen und mit der Sauce begießen. Die letzte Schicht sollten Nudeln sein.

7. Den Backofen auf 220° vorheizen.

8. In einem Rührbecher den Emmentaler mit den Semmelbröseln und den Eiern verquirlen und auf dem Auflauf verteilen.

9. Die Form auf dem Rost in den Backofen (Mitte) schieben und das Gericht in etwa 20 Minuten goldgelb backen. Dazu paßt ein gemischter Salat.

Variante:
Auflauf mit Penne und Hühnerbrust
Wer Kalbsleber nicht so gerne ißt, kann sie durch 4 Hühnerbrustfilets ersetzen. Diese in schmale Streifen schneiden, kurz in Butter anbraten und würzen und an Stelle der Kalbsleber mit in den Auflauf geben.

Das A und O bei diesem köstlichen Auflauf sind frische Kräuter, am besten schmeckt Salbei.

Sauerkraut-auflauf

Zutaten für 4 Personen:
600 g Kartoffeln (mehlige Sorte)
1 Teel. Kümmel
1 Zwiebel
1 Eßl. Schweineschmalz (oder Öl)
300 g Sauerkraut
1 Lorbeerblatt
2 Wacholderbeeren
1/4 l Fleischbrühe (Instant)
Salz
Pfeffer, frisch gemahlen
400 g Kasseler
Fett für die Form
100 g Emmentaler, frisch gerieben
2 Eßl. Butter

Für Gäste · Schnell

Pro Portion etwa:
3000 kJ/710 kcal
48 g Eiweiß · 46 g Fett
29 g Kohlenhydrate

- Zubereitungszeit: etwa 1 1/4 Stunden

1. Die Kartoffeln mit dem Kümmel in etwa 30 Minuten garen. Die Zwiebel hacken. Das Schmalz erhitzen und die gehackte Zwiebel darin glasig dünsten. Das Sauerkraut, das Lorbeerblatt, die Wacholderbeeren und die Fleischbrühe hinzufügen. Zugedeckt etwa 20 Minuten köcheln, dabei ab und zu umrühren, salzen und pfeffern.

2. Das Kasseler kleinschneiden und untermischen.

3. Die Kartoffeln schälen und durch die Kartoffelpresse in eine Schüssel drücken. Den Backofen auf 220° vorheizen.

4. Das Lorbeerblatt und die Wacholderbeeren aus dem Sauerkraut nehmen. Etwa ein Drittel der Kartoffeln unter das Sauerkraut mischen.

5. Eine feuerfeste Form ausfetten und das Sauerkraut hineingeben, den Käse unter die restlichen Kartoffeln mischen, pfeffern und die Masse auf dem Sauerkraut verteilen. Die Oberfläche glattstreichen und die Butter in Flöckchen darauf setzen.

6. Im Backofen (Mitte) in etwa 30 Minuten backen.

Hackfleisch-Wirsing-Auflauf

Zutaten für 4 Personen:
1 Wirsingkopf, etwa 600 g
Salz
2 Fleischtomaten
1 Zwiebel
2 Eßl. Öl
500 g Hackfleisch
schwarzer Pfeffer, frisch gemahlen
300 g Roquefort
200 g Sahne
2 Eier
Fett für die Form

Gelingt leicht · Preiswert

Pro Portion etwa:
4000 kJ/950 kcal
50 g Eiweiß · 78 g Fett
11 g Kohlenhydrate

- Zubereitungszeit: etwa 1 1/4 Stunden

1. Den Wirsing putzen, vierteln, waschen und in etwa 2 cm breite Streifen schneiden. In kochendem Salzwasser etwa 10 Minuten garen, eiskalt abschrecken und abtropfen lassen. Die Tomaten überbrühen, häuten, grob hacken, dabei die Stielansätze und Kerne entfernen.

2. Die Zwiebel schälen und fein hacken. Das Öl in einer Pfanne erhitzen und die gehackte Zwiebel darin dünsten. Das Hackfleisch dazugeben und braten, bis es krümelig ist. Dann salzen und pfeffern. Die Hälfte von dem Käse zwischen den Fingern zerkrümeln und mit den Tomaten unter das Hackfleisch mischen. Den Backofen auf 220° vorheizen.

3. Eine feuerfeste Form ausfetten und die Hälfte des Wirsings hineinfüllen. Die Sahne mit den Eiern verquirlen, leicht salzen und pfeffern und die Hälfte davon über den Wirsing gießen. Die Hackfleischmischung in die Form füllen, mit dem restlichen Wirsing bedekken und mit der übrigen Eiersahne begießen. Den restlichen Roquefort darüber streuen. Im Backofen (Mitte) in etwa 30 Minuten backen.

Im Bild oben: Sauerkrautauflauf
Im Bild unten: Hackfleisch-Wirsing-Auflauf

Sellerie-Lauch-Gratin

Zutaten für 4 Personen:
2 mittelgroße Knollensellerie (etwa 700 g)
Salz
Saft von 1 Zitrone
300 g Lauch
400 g Schweinemett
3 Eier
2 Eßl. Semmelbrösel
schwarzer Pfeffer, frisch gemahlen
2 Teel. frischer Majoran (oder 1 Teel. getrockneter Majoran)
100 g Camembert
Fett für die Form

Schnell • Preiswert

Pro Portion etwa:
2400 kJ/570 kcal
34 g Eiweiß · 41 g Fett
17 g Kohlenhydrate

• Zubereitungszeit: etwa 1 Stunde

1. Den Sellerie schälen, längs halbieren, dann in etwa 1/2 cm dicke Scheiben schneiden. In einem Topf mit Salzwasser und dem Zitronensaft in etwa 15 Minuten garen. Herausnehmen und gut abtropfen lassen.

2. Inzwischen den Lauch putzen, längs aufschlitzen, ausspülen und in etwa 1 cm breite Streifen schneiden. In dem Selleriesud etwa 1 Minute garen, eiskalt abschrecken und gut abtropfen lassen. Den Backofen auf 220° vorheizen.

3. Das Schweinemett anbraten und aus der Pfanne heben, in eine Schüssel geben. Die Eier und die Semmelbrösel unter das Schweinemett mischen. Mit den Gewürzen abschmecken.

4. Eine feuerfeste Form ausfetten. Die Zutaten abwechselnd einschichten. Den Camembert in dünne Scheiben schneiden und diese darauf legen. Im Backofen (Mitte) in etwa 40 Minuten überbacken, bis das Gratin goldgelb und der Käse zerlaufen ist.

Fenchelauflauf mit Mandeln

Zutaten für 4 Personen:
800 g Fenchel
Salz
etwas Weißweinessig
1 große Zwiebel
2 Eßl. Butter
2 Eßl. Tomatenmark
300 g Kalbsbrät
300 g Rinderhackfleisch
4 Eßl. Semmelbrösel
2 Eßl. gemahlene Mandeln
schwarzer Pfeffer, frisch gemahlen
1 Eßl. abgeriebene Schale einer unbehandelten Zitrone
1 Prise gemahlener Koriander
250 g Sahnequark
2 Eier
2–3 Eßl. Milch

Gelingt leicht

Pro Portion etwa:
3400 kJ/810 kcal
46 g Eiweiß · 55 g Fett
32 g Kohlenhydrate

• Zubereitungszeit: etwa 1 Stunde

1. Den Fenchel putzen, waschen, die grünen Blättchen abschneiden und beiseite legen. Die Fenchelknollen achteln und in Salzwasser mit etwas Weißweinessig etwa 8 Minuten garen. In einem Sieb gut abtropfen lassen.

2. Die Zwiebel schälen und fein hacken. Etwa 1 Eßlöffel von der Butter erhitzen und die Zwiebel darin dünsten. Das Tomatenmark unterrühren. Die Mischung in eine Schüssel geben. Das Kalbsbrät, das Rinderhackfleisch, die Semmelbrösel und die Hälfte der Mandeln unterrühren. Mit Salz, Pfeffer, der Zitronenschale und dem Koriander kräftig würzen. Das Fenchelgrün fein hacken und zwei Drittel davon untermischen. Den Backofen auf 200° vorheizen.

3. Den Sahnequark mit den Eiern und der Milch verquirlen, salzen und pfeffern, eine feuerfeste Form mit der restlichen Butter ausfetten, mit den Fenchel auslegen und mit dem Fleisch bedecken. Mit der Eiermischung begießen. Die restlichen Mandeln darüber streuen.

4. Im Backofen (Mitte) in etwa 40 Minuten backen. Mit dem restlichen Fenchelgrün bestreut servieren.

Bild oben: Fenchelauflauf mit Mandeln
Bild unten: Sellerie-Lauch-Auflauf

Schweinefilet auf Tomaten

Zutaten für 4 Personen:
600 g Schweinefilet
3 Eßl. Olivenöl
Salz
schwarzer Pfeffer, frisch gemahlen
4 Knoblauchzehen
750 g Fleischtomaten
3 Eßl. Basilikumblättchen
300 g Mozzarella

Für Gäste · Etwas teurer

Pro Portion etwa:
2500 kJ/600 kcal
45 g Eiweiß · 43 g Fett
7 g Kohlenhydrate

- Zubereitungszeit: etwa 40 Minuten

1. Das Schweinefilet schräg zur Faser in 8 Scheiben schneiden. In einer Pfanne etwas Öl erhitzen und das Fleisch darin auf jeder Seite etwa 1 Minute kräftig anbraten. Herausnehmen, salzen und pfeffern.

2. Den Knoblauch durch die Presse zum Fleischsaft in die Pfanne drücken und die Fleischscheiben damit bestreichen. Die Fleischtomaten überbrühen, häuten und quer in Scheiben schneiden.

3. Eine feuerfeste Form mit dem restlichen Olivenöl auspinseln und die Tomatenscheiben hineinlegen. Salzen und pfeffern. Die Hälfte der Basilikumblättchen auf die Tomaten streuen. Den Backofen auf 250° vorheizen.

4. Den Mozzarella in Scheiben schneiden. Das Schweinefilet dachziegelartig auf die Tomaten legen und darauf den Mozzarella verteilen.

5. Im Backofen (Mitte) in etwa 15 Minuten überbacken. Das Gericht mit den restlichen Basilikumblättchen bestreuen und servieren.

Auflauf mit Kürbis und Schweinefilet

Zutaten für 4 Personen:
1 kg gelbfleischiger Kürbis
4 Eßl. Butter
200 ccm trockener Weißwein
(ersatzweise Wasser)
1 Zwiebel
500 g Schweinefilet
Salz
weißer Pfeffer, frisch gemahlen
1/2 Teel. Majoran
4 Eßl. geschälte Kürbiskerne
150 g Crème fraîche
50 g Parmesan, frisch gerieben
3 Eier
Fett für die Form

Raffiniert · Für Gäste

Pro Portion etwa:
3700 kJ/880 kcal
44 g Eiweiß · 67 g Fett
13 g Kohlenhydrate

- Zubereitungszeit: etwa 1 Stunde

1. Den Kürbis von den Kernen befreien und aus der Schale schneiden. Das Fruchtfleisch in mittelgroße Würfel schneiden.

2. In einer Pfanne 2 Eßlöffel von der Butter zerlassen und die Kürbiswürfel darin etwa 5 Minuten andünsten. Mit dem Weißwein aufgießen und 20–25 Minuten köcheln lassen, herausnehmen.

3. Die Zwiebel in schmale Ringe, das Schweinefilet in Streifen schneiden.

4. Die restliche Butter erhitzen und das Schweinefilet darin kurz, aber kräftig anbraten, salzen, pfeffern und herausnehmen. Im verbliebenen Fett die Zwiebelringe weich dünsten. Mit dem Majoran bestreuen. Den Backofen auf 200° vorheizen.

5. Eine feuerfeste Form ausfetten. Die Hälfte von dem Kürbis einfüllen, mit der Hälfte der Zwiebeln bestreuen, die Schweinefleischstreifen darauf verteilen, mit Zwiebeln bedekken, mit 3 Eßlöffeln von den Kürbiskernen bestreuen und darauf den restlichen Kürbis setzen. Jede Schicht leicht salzen und pfeffern. Die Crème fraîche mit dem Parmesan und den Eiern verrühren, würzen und darüber gießen. Mit den restlichen Kürbiskernen bestreuen.

6. Im Backofen (Mitte) in etwa 25 Minuten überbacken.

Im Bild oben:
Auflauf mit Kürbis und Schweinefilet
Im Bild unten:
Schweinefilet auf Tomaten

Hühnerbrüstchen mit Walnüssen

Schmeckt am besten mit frisch geknackten Walnüssen!

Zutaten für 4 Personen:
3 Eßl. Butterschmalz
8 Hühnerbrustfilets
Salz
weißer Pfeffer, frisch gemahlen
1/2 Teel. gemahlener Koriander
Fett für die Form
1 Bund glatte Petersilie
60 g gehackte Walnüsse
125 g Sahnegorgonzola

Schnell · Raffiniert

Pro Portion etwa:
7000 kJ/1700 kcal
110 g Eiweiß · 130 g Fett
3 g Kohlenhydrate

- Zubereitungszeit: etwa 40 Minuten

1. In einer Pfanne das Butterschmalz erhitzen und die Hühnerbrüstchen von allen Seiten, je nach Dicke, 6–8 Minuten kräftig darin anbraten, herausnehmen, salzen, pfeffern und mit dem Koriander würzen.

2. Den Backofen auf 220° vorheizen. Eine feuerfeste Form ausfetten und die Hühnerbrüstchen nebeneinander in die Form legen.

3. Die Petersilie waschen, trokkenschütteln und ohne die groben Stiele fein hacken. In einer Schüssel mit den Nüssen mischen und über die Hühnerbrüstchen streuen. Den Sahnegorgonzola in Flöckchen darauf setzen.

4. Im Backofen (Mitte) 15–20 Minuten überbacken, bis der Käse zu schmelzen beginnt.

Kohlrabiauflauf mit Putenbrust

Kaufen Sie nach Möglichkeit Kohlrabi mit frischem Blattgrün.

Zutaten für 4 Personen:
750 g Kohlrabi
Salz
2 kleine Zwiebeln
1 Bund Schnittlauch
500 g Putenschnitzel
3 Eßl. Butter
weißer Pfeffer, frisch gemahlen
200 g Sahne
150 g Kräuterfrischkäse
Muskatnuß, frisch gerieben

Gelingt leicht

Pro Portion etwa:
2500 kJ/600 kcal
36 g Eiweiß · 45 g Fett
12 g Kohlenhydrate

- Zubereitungszeit: etwa 1 Stunde 20 Minuten

1. Den Kohlrabi vom Grün befreien und schälen. Die zarten Blättchen beiseite legen. Den Kohlrabi in dünne Scheiben schneiden und in kochendem Salzwasser etwa 2 Minuten blanchieren, in ein Sieb geben, kalt abschrecken und abtropfen lassen.

2. Die Zwiebeln fein hacken. Den Schnittlauch und die Kohlrabiblättchen abspülen und beides kleinschneiden.

3. Die Putenschnitzel schräg zur Faser in etwa 1 cm breite Streifen schneiden. In einer Pfanne 1 Eßlöffel von der Butter erhitzen und die Putenstreifen darin rundum braun anbraten, salzen, pfeffern und herausnehmen.

4. Den Backofen auf 200° vorheizen.

5. Die Zwiebeln in der Pfanne im verbliebenen Bratfett andünsten, die Sahne und den Kräuterfrischkäse einrühren und um ein Drittel einkochen lassen. Mit Salz, Pfeffer und Muskatnuß würzen. Den Schnittlauch und die Kohlrabiblättchen unterrühren.

6. Eine feuerfeste Form mit der restlichen Butter ausfetten. Die Kohlrabischeiben dachziegelartig hineinlegen und die Putenbrustscheiben dazwischen geben. Die Sahne-Käse-Mischung darüber gießen. Im Backofen (Mitte) in etwa 45 Minuten backen.
Dazu paßt Kartoffelpüree.

Bild oben:
Kohlrabiauflauf mit Putenbrust
Bild unten:
Hühnerbrüstchen mit Walnüssen

Salamigratin mit Schafkäse

Gurken und Schafkäse sind beliebte Zutaten in der griechischen Küche.

Zutaten für 4 Personen:
2 große Salatgurken
Fett für die Form
300 g Salami, in dickeren Scheiben
300 g Schafkäse
200 g Sahne
2 Knoblauchzehen
3 Eßl. Semmelbrösel
Salz · Pfeffer, frisch gemahlen
100 g schwarze Oliven, entsteint

Preiswert · Schnell

Pro Portion etwa:
3400 kJ/810 kcal
28 g Eiweiß · 71 g Fett
15 g Kohlenhydrate

- Zubereitungszeit: etwa 1 Stunde

1. Die Gurken schälen und in dünne Scheiben schneiden.

2. Eine feuerfeste Form ausfetten. Die Salami, falls nötig, von der Haut befreien und abwechselnd mit den Gurkenscheiben schuppenartig in die Form legen.

3. Den Schafkäse zerbröckeln und mit der Sahne in den Mixer geben. Den Knoblauch schälen, dazugeben und alles fein zerkleinern. Den Backofen auf 220° vorheizen.

4. Die Semmelbrösel unter die Käse-Sahne-Mischung im Mixer rühren, mit Salz und Pfeffer würzen und über die Zutaten in der Form gießen. Die Oliven darüber streuen. Im Backofen (Mitte) in etwa 20 Minuten überbacken.

Lammauflauf mit Bröselkruste

Zutaten für 4 Personen:
600 g Lammfleisch (ohne Knochen)
2 Eßl. Olivenöl
2 Bund Frühlingszwiebeln
600 g Fleischtomaten
3 Stangensellerie
3 Knoblauchzehen
1/8 l Rotwein (ersatzweise Wasser)
1 Lorbeerblatt
Salz
Pfeffer, frisch gemahlen
1 Messerspitze Cayennepfeffer
2 Bund Petersilie
100 g Butter
100 g Semmelbrösel
80 g Parmesan, frisch gemahlen
Fett für die Form

Etwas teurer · Raffiniert

Pro Portion etwa:
2900 kJ/690 kcal
44 g Eiweiß · 44 g Fett
27 g Kohlenhydrate

- Zubereitungszeit: etwa 1 Stunde

1. Das Lammfleisch von Sehnen und Fettstückchen befreien und in Streifen schneiden.

2. Das Olivenöl in einem großen Topf erhitzen und das Fleisch portionsweise darin kurz anbraten und herausnehmen.

3. Die Frühlingszwiebeln putzen, waschen, in Ringe schneiden und im verbliebenen Bratfett andünsten, dann das Fleisch wieder in den Topf geben.

4. Die Tomaten überbrühen, häuten, grob hacken, dabei die Stielansätze und Kerne entfernen. Unter das Fleisch mischen. Den Stangensellerie waschen, in feine Scheiben schneiden und hinzufügen. Den Knoblauch durch die Knoblauchpresse dazudrücken. Mit dem Rotwein aufgießen und das Lorbeerblatt dazugeben. Alles salzen, pfeffern und mit dem Cayennepfeffer würzen. Etwa 25 Minuten bei geringer Hitze köcheln lassen, dann nochmals abschmecken. Den Backofen auf 220° vorheizen.

5. Die Petersilie waschen, trockenschütteln und ohne die groben Stiele sehr fein hacken. Die Butter in einem kleinen Topf zerlassen. Die Petersilie mit den Semmelbröseln und dem Parmesan darin verrühren.

6. Eine feuerfeste Form ausfetten, das Fleisch einfüllen und mit der Parmesanmischung bedecken. Im Backofen (Mitte) in etwa 25 Minuten goldbraun backen.

Im Bild oben:
Salamigratin mit Schafkäse
Im Bild unten:
Lammauflauf mit Bröselkruste

Schollenfilets auf Mangold

Zutaten für 4 Personen:
450 g Schollenfilets, frisch oder tiefgefroren, aufgetaut
Zitronensaft
Salz
1 kg Mangold
1 Zwiebel
2 Eßl. Butter
Pfeffer, frisch gemahlen
Muskatnuß, frisch gerieben
Fett für die Form
200 g Crème fraîche
2 Knoblauchzehen

Gelingt leicht
Raffiniert

Pro Portion etwa:
1800 kJ/430 kcal
26 g Eiweiß · 32 g Fett
11 g Kohlenhydrate

- Zubereitungszeit: etwa 1 Stunde

1. Die Schollenfilets kalt abspülen, trockentupfen, mit Zitronensaft beträufeln, salzen und zugedeckt kalt stellen.

2. Den Mangold waschen. Die grünen Blätter von den Stengeln lösen und in schmale Streifen schneiden. Die Stengel kleinschneiden. Die Zwiebel schälen und fein hacken. Die Butter erhitzen und die gehackte Zwiebel darin weich dünsten. Die Mangoldblätter dazugeben und etwa 5 Minuten dünsten. Salzen, pfeffern und mit Muskatnuß würzen.

3. Eine feuerfeste Form fetten und den Mangold einfüllen.

4. Die Mangoldstengel mit der Crème fraîche in einen Topf geben und etwa 10 Minuten köcheln. Die Knoblauchzehen durch die Presse dazudrücken. Mit Salz und Pfeffer würzen. Den Backofen auf 220° vorheizen.

5. Die Schollenfilets nebeneinander auf den Mangold in die Form legen. Die Mangoldstengel und die Crème fraîche pürieren und auf dem Fisch verteilen. Im Backofen (Mitte) in 15–20 Minuten backen.

Heilbuttgratin auf Lauch

Geräucherten Heilbutt bekommen Sie in jedem guten Fischgeschäft. Wer frischen Fisch bevorzugt, kann für dieses Gratin auch Schollen- oder Seezungenfilet nehmen.

Zutaten für 4 Personen:
500 g Lauch
Salz
750 g geräucherter Heilbutt
Saft von 1/2 Zitrone
schwarzer Pfeffer, frisch gemahlen
1/2 Teel. Oregano
Fett für die Form
2 Eigelb
150 g Crème fraîche
80 g Parmesan, frisch gerieben

Gelingt leicht

Pro Portion etwa:
1600 kJ/380 kcal
42 g Eiweiß · 23 g Fett
6 g Kohlenhydrate

- Zubereitungszeit: etwa 1 Stunde

1. Den Lauch putzen, längs aufschlitzen und gründlich ausspülen. In etwa 1/2 cm breite Ringe schneiden. In kochendem Salzwasser etwa 1 Minute blanchieren, eiskalt abschrecken und sehr gut abtropfen lassen.

2. Den Heilbutt von Haut und Gräten befreien und in mundgerechte Stücke teilen. Rundum mit dem Zitronensaft beträufeln, leicht salzen, pfeffern und mit dem Oregano bestreuen.

3. Den Backofen auf 200° vorheizen.

4. Eine feuerfeste Form ausfetten. Abwechselnd den Lauch und die Heilbuttstücke in die Form schichten. Die letzte Schicht sollte aus Heilbutt bestehen.

5. Die Eigelbe mit der Crème fraîche und dem Parmesankäse in einem Rührbecher gut verquirlen, salzen und pfeffern. Die Masse gleichmäßig auf dem Fisch verteilen.

6. Die Form auf dem Rost in den Backofen (Mitte) schieben und das Gratin etwa 25 Minuten überbacken. Dazu passen Blattsalat und Kartoffelpüree.

Im Bild oben: Heilbuttgratin auf Lauch
Im Bild unten:
Schollenfilets auf Mangold

Lachs-Spinat-Gratin

Ein richtig edles Essen, wenn Gäste kommen. Da der Lachs etwas teurer ist, sollten Sie auch am Gemüse nicht sparen und möglichst frischen Spinat für dieses Gericht verwenden.

Zutaten für 4 Personen:
600 g Kartoffeln (mehlige Sorte)
3 Schalotten
4 Eßl. Butter
350 g Egerlinge
150 g Crème fraîche
150 g Crème double
800 g frischer Blattspinat oder tiefgefrorener Blattspinat, aufgetaut
Salz
weißer Pfeffer, frisch gemahlen
Muskatnuß, frisch gerieben
3 Eßl. Zitronensaft
1 Eßl. Worcestersauce
600 g Lachsfilet, in Scheiben
Fett für die Form

Exklusiv · Etwas teurer

Pro Portion etwa:
3900 kJ/930 kcal
43 g Eiweiß · 71 g Fett
30 g Kohlenhydrate

- Zubereitungszeit: etwa 1 1/2 Stunden

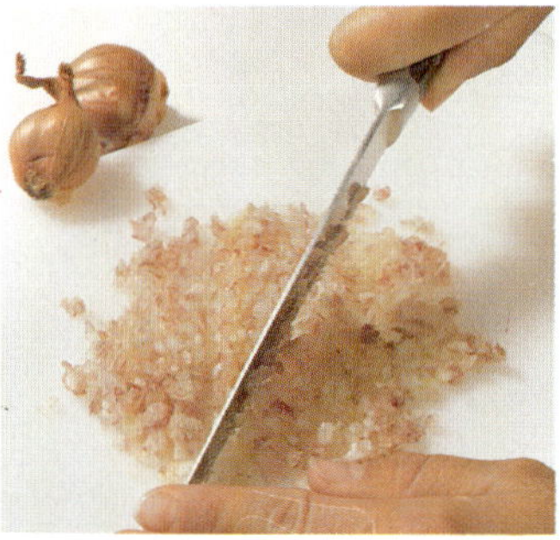

1. Die Kartoffeln waschen. In einem Topf mit wenig Wasser bedecken und in etwa 30 Minuten garen. Die Schalotten schälen und fein hacken. 2 Eßlöffel von der Butter in einer großen, tiefen Pfanne erhitzen und die Schalotten kurz darin andünsten.

2. Die Egerlinge waschen, putzen, blättrig schneiden, zu den Schalotten in die Pfanne geben und etwa 5 Minuten dünsten. Die Crème fraîche und die Crème double unter die Pilze rühren und die Flüssigkeit um etwa zwei Drittel einköcheln lassen.

3. Den Spinat verlesen und gründlich waschen. Die Stiele entfernen. In einem großen Topf Salzwasser zum Kochen bringen und den Spinat etwa 2 Minuten darin blanchieren. Den Spinat eiskalt abschrecken und gut abtropfen lassen. Etwas ausdrücken und grob hacken.

4. Den Spinat unter die Pilze mischen und mit Salz, Pfeffer, geriebener Muskatnuß, 1 Eßlöffel von dem Zitronensaft und der Worcestersauce würzen.

5. Die gekochten Kartoffeln schälen und in etwa 1/2 cm dünne Scheiben schneiden.

6. Die Lachsscheiben nebeneinander auf ein Brett legen und mit dem restlichen Zitronensaft beträufeln. Mit Salz und Pfeffer würzen. Den Backofen auf 200° vorheizen.

7. Eine feuerfeste Form ausfetten. Mit den Kartoffelscheiben auslegen, salzen und pfeffern. Die Hälfte der Pilz-Spinat-Mischung, den Lachs und die restliche Pilz-Spinat-Mischung in die Form schichten. Die restliche Butter in Flöckchen darauf setzen.

8. Die Form auf dem Rost in den Backofen (Mitte) schieben und das Gratin in etwa 30 Minuten backen, bis der Fisch gar und die Oberfläche leicht gebräunt ist.
Dazu paßt Wildreis.

Tip!

Wenn Sie nicht soviel Geld ausgeben möchten, können Sie dieses Gratin auch mit preiswerteren Fischsorten wie Rotbarsch, Kabeljau oder Dorsch zubereiten. Statt Blattspinat schmeckt auch Mangold hervorragend. Bei Mangold werden allerdings die Stengel getrennt von den Blättern und etwas länger als die Blätter gegart. Statt der Egerlinge können Sie auch Champignons verwenden.

Chicorée mit Rotbarsch und Senfsahne

Zutaten für 4 Personen:
600 g Rotbarschfilet
Salz
Pfeffer, frisch gemahlen
Saft von 1 Zitrone
750 g Chicorée
Fett für die Form
250 g Sahne
3 Eßl. Senf
2 Eigelb
2 Bund glatte Petersilie

Raffiniert · Gelingt leicht

Pro Portion etwa:
1800 kJ/430 kcal
33 g Eiweiß · 29 g Fett
7 g Kohlenhydrate

- Zubereitungszeit: etwa 45 Minuten

1. Den Fisch in breite Streifen schneiden, salzen, pfeffern und mit dem Zitronensaft beträufeln. Zugedeckt kalt stellen.

2. Den Chicorée waschen, den bitteren Strunk herausschneiden. Die Stauden längs halbieren. In Salzwasser etwa 4 Minuten garen, herausnehmen, würzen und abtropfen lassen.

3. Eine feuerfeste Form ausfetten. Den Chicorèe und den Fisch abwechselnd hineinlegen. Den Backofen auf 200° vorheizen.

4. Die Sahne mit dem Senf in einem Topf gut verrühren und etwa 5 Minuten kochen.

5. Die Petersilie waschen, trockenschütteln und ohne die groben Stiele fein hacken. Über den Chicorée und den Fisch in der Form streuen.

6. Die Eigelbe in die Senf-Sahne-Sauce rühren, die nicht mehr kochen darf. Diese Mischung über dem Chicorée und dem Fisch verteilen. Im Backofen (Mitte) in etwa 25 Minuten backen, bis die Oberfläche goldgelb ist.

Seelachsgratin mit Frühlingszwiebeln

Zutaten für 4 Personen:
750 g Seelachsfilet
Saft von 1 Zitrone
Salz
weißer Pfeffer, frisch gemahlen
3 Eßl. Butter
1 Eßl. Mehl
1/2 l Milch
200 g Kräuterfrischkäse
2 Bund Frühlingszwiebeln

Gelingt leicht

Pro Portion etwa:
2300 kJ/550 kcal
45 g Eiweiß · 34 g Fett
13 g Kohlenhydrate

- Zubereitungszeit: etwa 1 1/2 Stunden

1. Die Seelachsfilets abspülen, trockentupfen, mit dem Zitronensaft beträufeln, salzen und pfeffern. Zugedeckt etwa 20 Minuten kalt stellen.

2. In einem Topf 2 Eßlöffel von der Butter zerlassen, das Mehl einstreuen und unter Rühren goldgelb anschwitzen. Die Milch langsam dazufließen lassen, dabei ständig rühren. Den Kräuterfrischkäse unter die Sauce rühren. Alles etwa 15 Minuten köcheln lassen, bis die Sauce dickcremig geworden ist. Mit Salz und Pfeffer abschmecken. Den Backofen auf 180° vorheizen.

3. Die Frühlingszwiebeln putzen, waschen, in etwa 5 cm lange Stücke schneiden und in kochendem Salzwasser etwa 1/2 Minute blanchieren. Eiskalt abschrecken und sehr gut abtropfen lassen.

4. Eine feuerfeste Form mit der restlichen Butter ausfetten. Die Hälfte des Fisches, die Frühlingszwiebeln und den restlichen Fisch in die Form schichten. Die Käsesauce darüber gießen.

5. Die Form in den Backofen (Mitte) stellen und das Gratin in 30–40 Minuten goldgelb überbacken.

Im Bild oben: Seelachsgratin mit Frühlingszwiebeln
Im Bild unten: Chicorée mit Rotbarsch und Senfsahne

Garnelen mit Couscous

Zutaten für 4 Personen:
200 g Couscous (Naturkostladen)
400 ml Fischfond (selbstgemacht oder aus dem Glas)
Saft von 1 Zitrone
1 Zwiebel
2 Eßl. Öl
1 kleine getrocknete Chilischote
450 g Tiefseegarnelen geschält und gegart
4 Knoblauchzehen
Salz
Pfeffer, frisch gemahlen
1 Prise Kreuzkümmel
1 Bund frischer Koriander, (ersatzweise Petersilie)
2 Eigelb
2 Eiweiß
Fett für die Form

Etwas teurer · Raffiniert

Pro Portion etwa:
2000 kJ/480 kcal
31 g Eiweiß · 20 g Fett
41 g Kohlenhydrate

- Zubereitungszeit: etwa 1 Stunde

1. Den Couscous in einer Schüssel mit dem Fischfond und dem Zitronensaft etwa 30 Minuten quellen lassen.

2. Die Zwiebel fein hacken. Das Öl in einer Pfanne erhitzen und die Zwiebel darin glasig dünsten. Die Chilischote und die Garnelen dazugeben und etwa 3 Minuten dünsten. Den Knoblauch durch die Knoblauchpresse dazudrücken. Mit Salz, Pfeffer und dem Kreuzkümmel würzen.

3. Den Koriander waschen, die Blättchen fein hacken. Mit den Eigelben unter den Couscous mischen. Die Garnelen ohne die Chilischote unterheben und abschmecken.

4. Eine feuerfeste Form ausfetten. Den Backofen auf 200° vorheizen. Die Eiweiße mit einer Prise Salz steif schlagen, unter die Masse heben, in die Form füllen und im Backofen (Mitte) in etwa 25 Minuten überbacken.

Gemüsegratin mit Tintenfisch

Zutaten für 4 Personen:
600 g Auberginen
500 g Zucchini
7 Eßl. Olivenöl
4 Knoblauchzehen
500 g küchenfertige Tintenfische
Salz
schwarzer Pfeffer, frisch gemahlen
500 g Fleischtomaten
1 Teel. getrocknete Kräuter der Provence
3 Eßl. Basilikumblättchen
5 Eßl. Semmelbrösel
100 g Appenzeller, frisch gerieben

Exklusiv · Gelingt leicht

Pro Portion etwa:
2100 kJ/500 kcal
34 g Eiweiß · 30 g Fett
27 g Kohlenhydrate

- Zubereitungszeit: etwa 1 1/4 Stunden

1. Das Gemüse waschen, von Stiel- und Blütenansätzen befreien und in Scheiben schneiden.

2. In einer Pfanne 4 Eßlöffel von dem Olivenöl erhitzen und die Auberginenscheiben darin nacheinander von beiden Seiten 6–8 Minuten braten. Die Knoblauchzehen durch die Presse dazudrücken und alles in eine Schüssel geben. Die Zucchinischeiben in 2 Eßlöffeln von dem Öl 3–4 Minuten braten, in die Schüssel geben.

3. Die Tintenfische kalt abspülen, längs halbieren, in schmale Streifen schneiden. Im verbliebenen Fett etwa 5 Minuten braten, salzen und pfeffern.

4. Die Tomaten häuten, grob hacken, dabei Stielansätze und Kerne entfernen. Mit dem Gemüse und den Gewürzen mischen, die Basilikumblättchen in Streifen schneiden und untermischen.

5. Den Backofen auf 220° vorheizen. Eine feuerfeste Form mit dem restlichen Olivenöl einpinseln. Das Gemüse und die Tintenfische abwechselnd in die Form füllen. Die Semmelbrösel mit dem Käse mischen und auf dem Gemüse verteilen. Im Backofen (Mitte) in 25–30 Minuten überbacken, bis das Gratin eine schöne Kruste hat.

Im Bild oben: Garnelen mit Couscous
Im Bild unten: Gemüsegratin mit Tintenfisch

Kartoffelsoufflé mit Krabben

Die kleinen aromatischen Nordseekrabben geben diesem Soufflé etwas Besonderes. Ein schönes Gericht, wenn Gäste kommen. Für eine Vorspeise können Sie das Soufflé auch gleich in Portionsförmchen füllen, dann ist es schneller fertig, weil es nur die Hälfte der Garzeit benötigt.

Zutaten für 4 Personen:
500 g Kartoffeln (mehlige Sorte)
5 Eßl. Butter
4 Knoblauchzehen
1/4 l Gemüsebrühe (Instant)
1 Bund glatte Petersilie
3 Eßl. Mehl
1/4 l Milch
50 g Appenzeller, frisch gerieben
Salz
weißer Pfeffer, frisch gemahlen
Muskatnuß, frisch gerieben
4 Eier
150 g Nordseekrabben, geschält
Fett für die Form

Für Gäste • Raffiniert

Pro Portion etwa:
2800 kJ /670 kcal
39 g Eiweiß · 42 g Fett
34 g Kohlenhydrate

- Zubereitungszeit: etwa 1 1/4 Stunden

1. Die Kartoffeln waschen, schälen und in etwa 1 cm große Würfel schneiden. In 2 Eßlöffeln Butter andünsten. Den Knoblauch durch die Knoblauchpresse dazudrücken. Die Gemüsebrühe dazugießen und die Kartoffeln im geschlossenen Topf in etwa 15 Minuten weich dünsten, dann abgießen und pürieren.

2. In einem Topf die restliche Butter erhitzen, 1 Eßlöffel Mehl unterrühren und goldgelb anschwitzen. Die Milch nach und nach mit dem Schneebesen unterschlagen. Die Sauce etwa 15 Minuten köcheln, bis sie dick wird. Den Käse und das Kartoffelpüree untermischen. Mit Salz, Pfeffer und Muskatnuß würzen.

3. Den Backofen auf 200° vorheizen. Die Eier trennen. Die Eigelbe unter die etwas abgekühlte Masse rühren. Die Krabben in 1 Eßlöffel Mehl wenden.

4. Die Eiweiße sehr steif schlagen und mit den Krabben gleichmäßig unter die Kartoffelmasse heben. Eine Souffléform am Boden fetten, mit dem übrigen Mehl ausstreuen und die Masse einfüllen. Im Backofen (unten) in etwa 30 Minuten goldgelb backen.

Scampigratin mit Zuckerschoten

Zuckererbsen haben sehr zarte Schoten, die mitgegessen werden können. Sie müssen lediglich die Enden der Schoten vor dem Kochen abschneiden. Mit den Scampi ist dies eine besonders edle Vorspeise.

Zutaten für 4 Personen:
350 g Zuckerschoten
Salz
16 Scampi, gegart
2 Eßl. Zitronensaft
1 Eßl. Butter
2 Schalotten
1/8 l Weißwein (ersatzweise Wasser)
250 g Sahne
weißer Pfeffer frisch gemahlen
1 Messerspitze gemahlener Safran
2 Eßl. Schnittlauchröllchen
Fett für die Form

Exklusiv · Etwas teurer

Pro Portion etwa:
1800 kJ/430 kcal
26 g Eiweiß · 28 g Fett
15 g Kohlenhydrate

- Zubereitungszeit: etwa 40 Minuten

1. Die Zuckerschoten waschen und die Enden abknipsen. In einem Topf reichlich Salzwasser aufkochen und die Zuckerschoten darin 3–4 Minuten knackig garen. Anschließend in ein Sieb geben und abtropfen lassen.

2. Die Scampi aus der Schale lösen. Dann am Rücken aufschlitzen und den Darm herausnehmen. Die Scampi mit dem Zitronensaft beträufeln und kalt stellen.

3. Die Schalotten fein hacken. Die Butter in einer Pfanne erhitzen, die Schalotten darin weich dünsten. Mit dem Weißwein ablöschen und um die Hälfte einkochen lassen. Mit der Hälfte der Sahne aufkochen, mit Salz, Pfeffer und dem Safran würzen. Die übrige Sahne steif schlagen und unterheben.

4. Den Backofen auf 250° vorheizen. Eine feuerfeste Form ausfetten. Erst die Zuckerschoten, dann die Scampi in die Form geben. Die Sauce darüber gießen. Das Gratin im Backofen (Mitte) in 10–15 Minuten überbacken. Den Schnittlauch über das fertige Gericht streuen. Dazu paßt frisches Baguette.

Birnen mit Haselnußbaiser

Zutaten für 4 Personen:
4 reife Birnen
Saft von 1/2 Zitrone
1 Zimtstange
1 Gewürznelke
Fett für die Form
4 Eßl. gemahlene Haselnüsse
3 Eier
1/2 Teel. gemahlener Zimt
4 cl Birnengeist (ersatzweise Obstsaft)
3 Eßl. Puderzucker

Gelingt leicht · Schnell

Pro Portion etwa:
1500 kJ/360 kcal
10 g Eiweiß · 23 g Fett
27 g Kohlenhydrate

- Zubereitungszeit: etwa 40 Minuten

1. Die Birnen schälen, vierteln, das Kerngehäuse entfernen. In einem Topf mit Wasser bedeckt, dem Zitronensaft, der Zimtstange und der Gewürznelke aufkochen und zugedeckt bei schwacher Hitze 8–10 Minuten garen.

2. Eine feuerfeste Form ausfetten und mit 1 Eßlöffel von den Haselnüssen ausstreuen.

3. Die Birnen aus dem Sud heben, abtropfen lassen und längs in Scheiben schneiden. Diese dachziegelartig in die Form legen. Den Backofen auf 170° vorheizen.

4. Die Eier trennen. Die Eigelbe mit dem Zimt und dem Birnengeist verrühren und auf den Birnen verteilen. Die Eiweiße mit dem Puderzucker sehr steif schlagen. Die restlichen Haselnüsse unter den Eischnee mischen und die Mischung auf die Birnen geben.

5. Im Backofen (Mitte) in 15–20 Minuten überbacken.

Kokos-Grießnocken mit Himbeersauce

Anstelle der Himbeeren können Sie für die Sauce auch andere Beerensorten nehmen.

Zutaten für 4 Personen:
1/2 l Milch
1 Prise Salz
2 Eßl. Butter
150 g Grieß
2 Eier
1 Päckchen Vanillinzucker
6 Eßl. Kokosflocken
etwas abgeriebene Schale einer unbehandelten Zitrone
4 Eßl. Zucker
300 g Himbeeren, frisch oder tiefgefroren
Fett für die Form

Gelingt leicht · Preiswert

Pro Portion etwa:
2700 kJ/640 kcal
13 g Eiweiß · 24 g Fett
90 g Kohlenhydrate

- Zubereitungszeit: etwa 30 Minuten

1. In einem Topf die Milch mit dem Salz aufkochen, die Butter dazugeben und den Grieß unter ständigem Rühren einstreuen. Den Topf von der Kochstelle nehmen und die Eier, den Vanillinzucker, 3 Eßlöffel Kokosflocken, die Zitronenschale und 2 Eßlöffel Zucker einrühren und etwa 5 Minuten stehen lassen.

2. Eine feuerfeste Form ausfetten. Von der Grießmasse mit einem angefeuchteten Eßlöffel Nocken abstechen und diese in die Form legen. Den Backofen auf 250° vorheizen.

3. Die frischen Himbeeren waschen und abtropfen lassen. In einem Topf mit etwas Wasser aufkochen, umrühren. Tiefgefrorene Himbeeren direkt in den Topf geben und unter Rühren aufkochen. Mit dem restlichen Zucker süßen.

4. Die Himbeersauce um die Grießnocken herum gießen und mit den restlichen Kokosflocken bestreuen. Im Backofen (Mitte) etwa 6 Minuten überbacken.

Im Bild oben:
Birnen mit Haselnußbaiser
Im Bild unten:
Kokos-Grießnocken mit Himbeersauce

Grießauflauf mit Trockenaprikosen

Anstatt der Aprikosen können Sie auch andere Trockenfrüchte wie Feigen, Datteln oder Rosinen nehmen.

Zutaten für 4 Personen:
200 g getrocknete Aprikosen, ungeschwefelt
4 cl Aprikosengeist (ersatzweise Obstsaft)
4 Eigelb
80 g Zucker
300 g Joghurt
2 Päckchen Vanillinzucker
250 g Sahne
150 g Grieß
Fett für die Form
4 Eßl. Mandelstifte
3 Eßl. Butter

Preiswert • Gelingt leicht

Pro Portion etwa:
4400 kJ/1000 kcal
23 g Eiweiß · 56 g Fett
100 g Kohlenhydrate

- Einweichzeit: etwa 1 Stunde
- Zubereitungszeit: etwa 1 Stunde

1. Die Aprikosen in Würfel schneiden, in eine Schüssel geben, mit dem Aprikosengeist beträufeln und etwa 1 Stunde ziehen lassen.

2. Die Eigelbe und den Zucker in einer Rührschüssel mit den Schneebesen des Handrührgerätes zu einer gelben, cremigen Masse verrühren.

3. Den Joghurt eßlöffelweise hinzufügen. Den Vanillinzucker und die Sahne sowie den Grieß untermischen.

4. Den Backofen auf 180° vorheizen.

5. Die Aprikosenwürfel in ein Sieb geben und abtropfen lassen. Eine feuerfeste Form ausfetten und die Hälfte der Grießmasse einfüllen. Die Aprikosenwürfel mit der Flüssigkeit und die Hälfte der Mandelstifte darauf verteilen und wieder mit dem Grieß bedecken. Mit den restlichen Mandelstiften bestreuen und die Butter in Flöckchen darauf setzen.

6. Die Form auf dem Rost in den Backofen (Mitte) schieben und den Auflauf in etwa 40 Minuten goldgelb backen.

Auflauf von dreierlei Nüssen

Zutaten für 4 Personen:
150 g gehackte Walnüsse
150 g gemahlene Haselnüsse
50 g gehackte grüne Pistazien
100 g Zucker
4 Eier
Saft von 1 Orange
1/2 Teel. gemahlener Zimt
Fett für die Form

Raffiniert

Pro Portion etwa:
3300 kJ/790 kcal
21 g Eiweiß · 61 g Fett
38 g Kohlenhydrate

- Zubereitungszeit: etwa 45 Minuten

1. Die Walnüsse, die Haselnüsse und die Pistazien in einer Schüssel miteinander mischen.

2. Die Eier trennen. Den Zucker in eine Schüssel geben. Die Eigelbe hinzufügen und mit dem Schneebesen des Handrührgerätes verrühren.

3. Den Orangensaft mit dem Zimt unter die Eimasse rühren. Die Nüsse dazugeben.

4. Den Backofen auf 200° vorheizen.

5. Die Eiweiße zu sehr steifem Schnee schlagen und unter die Eier-Nuß-Mischung heben.

6. Eine feuerfeste Form ausfetten und die Masse in die Form füllen.

7. Die Form auf dem Rost in den Backofen (Mitte) schieben und den Auflauf in etwa 30 Minuten goldgelb backen. Dazu paßt ein Salat aus Orangen mit Orangenlikör.

Im Bild oben:
Grießauflauf mit Trockenaprikosen
Im Bild unten:
Auflauf von dreierlei Nüssen

Zitronensoufflé

Das vergeht wie ein Hauch auf der Zunge – ein ideales Dessert nach einem üppigen Hauptgang. Weil es so wunderbar leicht ist, schmeckt es vor allem an heißen Sommertagen sehr erfrischend.

Zutaten für 4 Personen:
2 unbehandelte Zitronen
6 Eier
150 g Zucker
1 Prise Salz
2 Eßl. gemahlene Mandeln
Fett für die Form

Schnell · Preiswert

Pro Portion etwa:
1700 kJ/400 kcal
14 g Eiweiß · 19 g Fett
43 g Kohlenhydrate

- Zubereitungszeit: etwa 35 Minuten

Tip!

Dieses Soufflé können Sie auch mit unbehandelten Orangen oder rosa Grapefruit zubereiten.

1. 1 Zitrone unter fließendem heißem Wasser gründlich abbürsten. Die Hälfte der Schale abreiben. Beide Zitronen auspressen.

2. Die Eier in Eigelbe und Eiweiße trennen. Die Eigelbe mit dem Zucker in eine Schüssel geben. Mit den Schneebesen des Handrührgerätes schlagen bis eine dickcremige, hellgelbe Masse entstanden ist. Den Zitronensaft und die abgeriebene Zitronenschale untermischen. Den Backofen auf 180° vorheizen.

3. In einem Rührbecher die Eiweiße und das Salz mit dem Schneebesen des Handrührgerätes zu sehr steifem Schnee schlagen. Den Eischnee vorsichtig unter die Eigelbmasse heben. Den Boden einer feuerfesten Form ausfetten und mit den Mandeln ausstreuen. Die Ei-Zitronen-Mischung in die Form füllen.

4. Die Form auf dem Rost in den Backofen (unten) schieben und das Soufflé in etwa 20 Minuten goldgelb backen. Dann das Dessert sofort servieren, weil es zusammenfällt, wenn es länger steht.

Zwieback-auflauf mit Ananas

Kokos und Ananas – diese Verbindung weckt so richtig die Lust auf Urlaub. Wer's gerne alkoholisch mag, kann die Ananas auch noch in Rum marinieren. Ein schönes Gericht für heiße Sommertage.

Zutaten für 4 Personen:
300 g Zwieback
3/4 l Orangensaft
1 Päckchen Vanillinzucker
3 Teel. abgeriebene Schale einer unbehandelten Zitrone
1 mittelgroße Ananas (etwa 700 g)
4 Eier
Fett für die Form
4 Eßl. Kokosflocken
3 Eßl. Butter

Raffiniert
Braucht etwas Zeit

Pro Portion etwa:
3500 kJ/830 kcal
17 g Eiweiß · 31 g Fett
120 g Kohlenhydrate

- Zubereitungszeit: etwa 1 1/4 Stunden

1. Den Zwieback in eine breite Schüssel legen, mit dem Orangensaft übergießen und etwa 30 Minuten einweichen. Zwischendurch den Zwieback einmal wenden. Den Vanillinzucker und die abgeriebene Zitronenschale unter den Zwieback mischen.

2. Die Ananas vom Schopf befreien, großzügig schälen und in Scheiben schneiden. Diese in mundgerechte Stücke teilen und dabei den inneren harten Strunk entfernen.

3. Die Eier trennen. 1 Eßlöffel von den Kokosflocken und die Eigelbe mit der Zwiebackmasse in einer Schüssel mischen. Eine feuerfeste Form ausfetten und mit 2 Eßlöffeln von den Kokosflocken ausstreuen. Den Backofen auf 180° vorheizen.

4. Die Eiweiße und die restlichen Kokosflocken zu steifem Schnee schlagen und unter die Zwiebackmasse heben. Die Ananasstücke untermischen und alles in die Form füllen. Die Butter in Flöckchen darauf setzen und im Backofen (Mitte) in etwa 35 Minuten goldgelb backen.

Milchreis mit Zwetschgen

Zutaten für 4 Personen:
1 l Milch
1 Zimtstange
2 Teel. abgeriebene Schale einer unbehandelten Zitrone
4 Eßl. Honig
250 g Milchreis (Rundkornreis)
750 g Zwetschgen
3 cl Zwetschgenwasser (ersatzweise Obstsaft)
1 Teel. Zimt
5 Eßl. Zucker
3 Eßl. gehackte Mandeln
150 g Marzipanrohmasse
200 g Sahne
Fett für die Form

Gelingt leicht · Preiswert

Pro Portion etwa:
4600 kJ/1100 kcal
20 g Eiweiß · 44 g Fett
160 g Kohlenhydrate

- Zubereitungszeit: etwa 1 3/4 Stunden

1. Die Milch mit der Zimtstange, der abgeriebenen Zitronenschale und dem Honig zum Kochen bringen. Die Zimtstange entfernen. Den Milchreis einstreuen und bei schwacher Hitze etwa 40 Minuten ausquellen lassen. Dabei ab und zu umrühren.

2. Die Zwetschgen waschen, halbieren und entsteinen. In einem Topf mit dem Zwetschgenwasser, dem Zimt und dem Zucker mischen und etwa 20 Minuten ziehen lassen. Mit Wasser bedecken und etwa 20 Minuten köcheln.

3. Die Mandeln in einer Pfanne goldbraun anrösten und in den Reis rühren. Den Backofen auf 200° vorheizen.

4. Die Zwetschgen abtropfen lassen. Eine feuerfeste Form ausfetten und abwechselnd Reis und Zwetschgen hineinfüllen.

5. Die Marzipanrohmasse und die Sahne in einem Topf erhitzen bis sich das Marzipan auflöst, dann über den Auflauf gießen. Im Backofen (Mitte) in etwa 25 Minuten goldgelb backen.

Nougatreis mit Kirschen

Zutaten für 4 Personen:
1/2 l Milch
1 Prise Salz
4 Eßl. Nußnougatcreme
150 g Milchreis (Rundkornreis)
600 g frische Sauerkirschen oder
700 g Sauerkirschen aus dem Glas
4 cl Kirschwasser (ersatzweise Obstsaft)
4 Eier
30 g Zucker
4 Eßl. gemahlene Haselnüsse
Fett für die Form

Braucht etwas Zeit

Pro Portion etwa:
3000 kJ/710 kcal
20 g Eiweiß · 35 g Fett
78 g Kohlenhydrate

- Zubereitungszeit: etwa 2 Stunden

1. In einem Topf die Milch mit dem Salz aufkochen. Die Nußnougatcreme einrühren und schmelzen lassen. Den Milchreis einstreuen und bei geringer Hitze etwa 45 Minuten köcheln lassen. Dabei ab und zu umrühren. Dann abkühlen lassen.

2. Die frischen Sauerkirschen waschen und entsteinen, Sauerkirschen aus dem Glas abtropfen lassen, in einer Schüssel mit dem Kirschwasser beträufeln und ziehen lassen.

3. Die Eier trennen. Die Eigelbe und die Hälfte des Zuckers schaumig rühren. Die Haselnüsse einstreuen, alles unter den Reis rühren.

4. Die Eiweiße mit dem restlichen Zucker steif schlagen. Die Hälfte davon unter die Reismischung heben. Den Backofen auf 200° vorheizen.

5. Eine feuerfeste Form ausfetten, Reis, Sauerkirschen und den restlichen Reis einfüllen. Im Backofen (Mitte) etwa 30 Minuten backen. Dann den restlichen Eischnee auf das Gericht geben und weitere 10 Minuten backen, bis die Oberfläche leicht gebräunt ist.

Im Bild oben:
Milchreis mit Zwetschgen
Im Bild unten:
Nougatreis mit Kirschen

REZEPT- UND SACHREGISTER

Zum Gebrauch
Damit Sie Rezepte mit bestimmten Zutaten noch schneller finden können, stehen in diesem Register zusätzlich auch beliebte Zutaten wie Meeresfrüchte und Lauch – ebenfalls alphabetisch geordnet und halbfett gedruckt – über den entsprechenden Rezepten.

Ananas schalen 59 (Foto)
Aufläufe
Auflaufformen 7 (Foto)
Auflauf mit Kürbis und Schweinefilet 38
Auflauf mit Penne und Hühnerbrust 32 (Variante)
Auflauf mit Penne und Kalbsleber 32
Auflauf von dreierlei Nüssen 56
Fenchelauflauf mit Mandeln 36
Grießauflauf mit Hühnerleber 22
Grießauflauf mit Trockenaprikosen 56
Hackfleisch-Wirsing-Auflauf 34
Kohlrabiauflauf mit Putenbrust 40
Lammauflauf mit Bröselkruste 42
Milchreis mit Zwetschgen 60
Nudelauflauf mit roher Tomatensauce 26 (Variante)
Nudelauflauf mit Zucchinisauce 26
Pumpernickel-Auflauf mit Kabanossi 30
Sauerkrautauflauf 34
Spinat-Quark-Auflauf mit Sesam 18
Zwiebackauflauf mit Ananas 59

Birnen mit Haselnussbaiser 54
Broccoli-Chicorée-Gratin 12
Champignon-Tomaten-Gratin 20
Chicorée mit Rotbarsch und Senfsahne 48
Chinakohlgratin 20

Fenchelauflauf mit Mandeln 36
Fisch
Chicorée mit Rotbarsch und Senfsahne 48
Heilbuttgratin auf Lauch 44
Lachs-Spinat-Gratin 46
Schollenfilets auf Mangold 44
Seelachsgratin mit Frühlingszwiebeln 48
Fleisch
Auflauf mit Kürbis und Schweinefilet 38
Auflauf mit Penne und Kalbsleber 32
Fenchelauflauf mit Mandeln 36
Hackfleisch-Wirsing-Auflauf 34
Lammauflauf mit Bröselkruste 42
Sauerkrautauflauf 34
Schweinefilet auf Tomaten 38
Sellerie-Lauch-Gratin 36

Garnelen mit Couscous
Geflügel
Auflauf mit Penne und Hühnerbrust 32 (Variante)
Grießauflauf mit Hühnerleber 22
Hühnerbrüstchen mit Walnüssen 40
Kohlrabiauflauf mit Putenbrust 40
Reisgratin mit Putenstreifen 22
Gemüsegratin mit Tintenfisch 50
Gemüsesoufflé mit Frischkäse 1 5
Glasnudelgratin mit Tofu 28
Gratins
Gratin 5
Gratinformen 7 (Foto)
Gratin dauphinois 10
Broccoli-Chicorée-Gratin 18
Champignon-Tomaten-Gratin 20
Chicorée mit Rotbarsch und Senfsahne 48
Chinakohlgratin 20
Garnelen mit Couscous 50
Gemüsegratin mit Tintenfisch 50
Glasnudelgratin mit Tofu 28
Gratinierte Grießnocken 25
Heilbuttgratin auf Lauch 44
Hühnerbrüstchen mit Walnüssen 40
Klassisches Kartoffelgratin 10
Lachs-Spinat-Gratin 46
Reisgratin mit Putenstreifen 22
Rigatoni-Quark-Gratin mit Mortadella 28
Rote-Bete-Gratin 14
Salamigratin mit Schafkäse 42
Scampigratin mit Zuckerschoten 53
Schollenfilets auf Mangold 44
Seelachsgratin mit Frühlingszwiebeln 48
Sellerie-Lauch-Gratin 36
Zucchini-Austernpilz-Gratin 1 8
Grießauflauf mit Hühnerleber 24
Grießauflauf mit Trockenaprikosen 56
Grießnocken abstechen 25
Grießnocken, gratinierte 25

Hackfleisch-Wirsing-Auflauf 34
Heilbuttgratin auf Lauch 44
Hühnerbrüstchen mit Walnüssen 40

Kartoffelgratin 10
Kartoffeln mit Honigkruste 10
Kartoffelsoufflée mit Krabben 52
Käsesorten 8
Kohlrabiauflauf mit Putenbrust 40
Kokos-Grießnocken mit Himbeersauce 54

Lachs-Spinat-Gratin 46
Lammauflauf mit Bröselkruste 42
Lauch
Lauch putzen 25 (Foto)
Heilbuttgratin auf Lauch 44
Sellerie-Lauch-Gratin 36

Maissoufflee mit Edelpilzkäse 16
Meeresfrüchte
Garnelen mit Couscous 50
Gemüsegratin mit Tintenfisch 50
Kartoffelsoufflé mit Krabben 52
Scampigratin mit Zuckerschoten 53
Milchreis mit Zwetschgen 60
Möhren würfeln 15 (Foto)

Nougatreis mit Kirschen 60
Nudeln
Nudelauflauf mit roher Tomatensauce 26 (Variante)
Nudelauflauf mit Zucchinisauce 26
Glasnudelgratin mit Tofu 28
Rigatoni-Quark-Gratin mit Mortadella 28
Nüsse